AF453936

LES
ERREURS SCOLAIRES

LES OUVRAGES DU MÊME AUTEUR

Récemment réédités par la librairie HACHETTE sont :

Petit Manuel du système métrique. 2ᵉ édition.

Nouvelle Arithmétique théorique et pratique. 7ᵉ édition (*Enseignement moyen*) [1].

Cours de problèmes, en deux volumes (*Énoncés, Solutions raisonnées*). 3ᵉ édition.

> NOTA. — Ces trois ouvrages ont été adoptés par la ville de Paris : le premier pour les bibliothèques scolaires, le second et le troisième pour les écoles communales.

Traité d'Algèbre élémentaire, comprenant un choix de problèmes sur l'art militaire. 6ᵉ édition.

Traité de Trigonométrie. 5ᵉ édition.

> NOTA. — Cette nouvelle édition a été rattachée à la Topographie militaire.

1. L'Arithmétique in-18, 8ᵉ édition, et l'Arithmétique in-8, 8ᵉ édition, sont les deux autres degrés du Cours complet, augmenté de plusieurs cartes du système métrique.

Typographie Lahure, rue de Fleurus, 9, à Paris.

LES
ERREURS SCOLAIRES

RECUEILLIES DANS LES LIVRES
LES CONCOURS, LES EXAMENS ET LE LANGAGE ORDINAIRE

Ouvrage dédié

AUX INSTITUTEURS ET AUX INSTITUTRICES

« Que de gens préfèrent une mauvaise
manière de faire à une manière facile
d'apprendre ! »   (ROUSSEAU.)

PAR

E. A. TARNIER

Docteur ès sciences, Chevalier de la Légion d'honneur
Officier de l'Instruction publique, Membre du Conseil départemental de la Seine
Ancien Examinateur d'admission à l'école de Saint-Cyr
Inspecteur de l'instruction primaire à Paris

PARIS

LIBRAIRIE HACHETTE ET Cⁱᵉ

BOULEVARD SAINT-GERMAIN, 79

1876

AUX INSTITUTEURS

ET

AUX INSTITUTRICES

C'es à vous, Membres du Corps enseignant, chargés de l'instruction et de l'éducation de l'enfance et de la jeunesse, que je dédie ce petit livre.

Puisse-t-il contribuer à rendre votre tâche moins lourde, moins pénible!

C'est le vœu d'un ami.

E. A. TARNIER.

PRÉFACE

Je crois devoir déclarer qu'en publiant ce petit livre, je n'ai eu qu'une chose en vue : *l'intérêt des élèves.*

Guidé par ma longue expérience, j'ai cru pouvoir me permettre, *sans blesser personne*, d'appeler l'attention des membres du corps enseignant sur de graves erreurs très-répandues dans les *livres*, les concours, les *examens* et le *langage ordinaire*[1].

---

1. Je ne nomme jamais les auteurs.

Je désire sincèrement que la nomenclature que j'ai dressée, contribue à élever *le niveau des études*. Pour la *compléter*, je m'adresse aux hommes de bonne volonté, à mes honorables confrères ou collègues. Je les adjure de vouloir bien me communiquer leur *liste d'erreurs*. Grâce à cette confraternité de bon aloi, nous pourrons, d'ici à peu de temps, publier collectivement un véritable ouvrage sur les *erreurs scolaires*, qu'à tout prix il faut bannir de l'enseignement, *à quelque branche qu'il appartienne*.

Liguons-nous donc contre l'ennemi commun : la ROUTINE ! Faisons-lui une guerre incessante, alors surtout que, guidés par le patriotisme, nous préparons une forte génération de l'avenir, en vue de la *revanche* intellectuelle et morale de notre pays si douloureusement éprouvé par la désastreuse guerre de 1870-1871 [1].

Maintenant, quel sera le sort de cette modeste

---

[1] « Ce ne sont pas nos canons qui vous ont vaincus : ce sont nos écoles. » Soit. Eh bien ! au nom de la France, perfectionnons nos écoles, et, en agissant ainsi, nous ferons acte de bons citoyens. Oui, prêchons la *croisade du savoir*, et alors, malheur à qui osera nous attaquer !

publication? je l'ignore; car les livres, on le sait,
ont leur destin comme les hommes. (*Habent sua
fata libelli!*) Bien accueillie : je m'en réjouirai.
Mal accueillie : je m'en consolerai en pensant
qu'un jour viendra, où un auteur plus capable,
ou plus heureux, aura la bonne fortune de mener
à *bonne fin l'œuvre que* je n'ai fait qu'ébaucher.

1

HISTOIRE SAINTE

RECTIFICATION D'UNE ERREUR TRÈS-RÉPANDUE

DANS L'ENSEIGNEMENT LAÏQUE ET CONGRÉGANISTE

DE L'HISTOIRE SAINTE

TANT EN FRANCE QU'À L'ÉTRANGER

(A) CE QUI EST VRAI.

Conformément à la *Bible* de chacune des trois communions religieuses reconnues par l'État[1], je dis :

1. *Jacob*, conseillé par sa mère, quitte le pays de Chanaan[2] où il est né, pour aller habiter temporairement la Mésopotamie[3] chez *Laban*, frère de *Rébecca*.

---

1. Catholicisme, protestantisme, judaïsme.
2. Nom biblique primitif de la *Palestine*, *Judée*, *Terre promise* (partie de la Turquie d'Asie actuelle). C'était une région très-fertile où « *coulaient le lait et le miel.* »
3. Contrée d'Asie située entre l'Euphrate et le Tigre. Ce

2. Jacob a un double but :

1° Se soustraire au projet homicide d'*Esaü* son frère qui se repent, mais trop tard, d'avoir fait bon marché de son droit d'aînesse;

2° Contracter mariage.

3. Jacob, à l'époque de son départ, était âgé de 77 ans : ce nombre sera notre point de départ [1].

4. Laban voué à l'idolâtrie, homme astucieux, habile en affaires, très-intéressé, avait deux filles : *Lia* ou *Léa*, et *Rachel* plus jeune et plus belle.

5. Jacob s'engage à servir son oncle Laban pendant une *semaine d'années*, composée de

---

pays figure fréquemment dans la Bible : c'est là qu'étaient nés Nachor, Tharé et plusieurs autres patriarches.

1. Quand nous disons 77 ans, c'est à quelques jours près; même degré d'approximation pour les autres nombres.

sept années consécutives[1], mais, à la condition que, ces sept années écoulées, le serviteur épousera Rachel, objet de sa tendre affection ; cela lui fut promis.

6. Le délai convenu expiré, l'oncle trompe le neveu : il lui fait épouser par substitution, sa fille Lia sous le prétexte qu'il est d'usage de marier l'aînée avant la cadette.

7. Jacob, devenu l'époux de Lia, était alors âgé de 77 ans plus 7 ans, ou de 84 ans :

$$(77 + 7 = 84).$$

8. Comme à cette époque, la polygamie était pratiquée chez les Hébreux[2], Jacob attendit l'expiration de la *semaine de jours*, autrement dit des *sept jours* consacrés aux réjouissances nuptiales puis, d'accord avec Laban, il épousa Rachel, mais à la condition qu'il servirait encore

---

1. Quelle était au juste la longueur de cette année? Nous l'ignorons.
2. Elle fut restreinte par la loi de Moïse.

pendant *sept ans*, ce qu'il fit en bon et loyal serviteur.

9. Rachel fut sans enfants pendant *six* ans. Mais, à force de prières et de supplications, son union fut bénie par le Seigneur.

10. *Joseph* vint au monde en Mésopotamie dans le courant de la *septième année* du mariage de sa mère, ou ce qui revient au même, dans la *quatorzième année* de la vie du Patriarche, vie comptée à partir de l'installation chez Laban, c'est-à-dire à partir des 77 ans dont nous avons parlé au n° **5**.

11. A la naissance de son fils Joseph, Jacob avait 77 ans plus 14 ans, ou, par suite de la concordance des nombres bibliques, 84 ans plus 7 ans, c'est-à-dire 91 ans :

$$(77 + 14 = 84 + 7 = 91).$$

12. Les 14 années d'engagement de Jacob envers Laban, écoulées, le fils d'*Isaac* (le petit-fils d'Abraham), songe à retourner au pays de ses pères.

13. Laban, à force d'instance et d'habileté, obtient de son neveu que celui-ci le servira encore pendant 6 années, ce qu'il fit, mais dans des conditions plus avantageuses que celles des 14 précédentes.

14. Les trois engagements successifs terminés, comprenant 7 ans plus 7 ans plus 6 ans, c'est-à-dire, en tout 20 ans $(7 + 7 + 6 = 20)$, Jacob quitte définitivement la Mésopotamie, et reprend le chemin de la terre de Chanaan.

15. Le Patriarche emmène avec lui ses quatre épouses : *Lia, Rachel, Zelpha* et *Bala;* ses onze fils : *Ruben, Siméon, Lévi, Juda, Issachar, Zabulon, Dan, Nephtali, Gad, Azer, Joseph,* et *Dina* leur sœur; puis, ses nombreux serviteurs et son riche troupeau.

16. Jacob avait alors 77 ans plus 20 ans, ou ce qui revient au même, 91 ans plus 6 ans, c'est-à dire 97 ans :

$$(77 + 20 = 91 + 6 = 97).$$

17. Rachel, à peine arrivée au terme d'un voyage long et pénible, meurt en donnant le jour à un second fils qu'elle appelle *Bénoni*, mot qui, en hébreu, signifie *enfant de ma douleur*, et que Jacob appelle *Benjamin*, ou *fils de la vieillesse*. En effet, Jacob était presque centenaire.

18. Rachel mourut à un âge que la Bible ne nous fait pas connaître.

19. Tous les enfants de Jacob, à l'exception de Benjamin, naquirent en Mésopotamie.

20. Joseph était un enfant de 6 ans lorsqu'il fut présenté à son aïeul Isaac.

21. Isaac avait alors 157 ans; il mourut 23 ans plus tard, par conséquent à 180 ans :

$$(157 + 23 = 180).$$

22. Jacob quitte la terre de Chanaan, 33 ans après y être revenu ; son désir est d'aller finir ses jours en Égypte auprès de son cher Joseph qui, dans sa piété filiale, installe le patriarche dans la terre fertile de Gessen [1].

23. Jacob est alors âgé de 97 ans plus 33 ans, ou de 130 ans $(97 + 33 = 130)$, ainsi qu'il le dit lui-même au Pharaon d'Égypte :

« *Mon pèlerinage est déjà long ; j'ai 130 ans.* »

24. Rachel était morte depuis 33 ans lorsque Jacob vint en Égypte.

25. Jacob meurt au bout de 17 ans ; il avait donc 130 ans plus 17 ans, ou 147 ans :

$$130 + 17 = 147).$$

26. Joseph avait 17 ans quand il fut revendu à *Putiphar*, officier de la maison du roi.

27. Joseph avait 17 ans plus 13 ans, ou 30

1. Pays de Gessen, district de l'ancienne Égypte, à l'E. du Nil, dans l'Égypte inférieure, près d'Héliopolis. Cette contrée, très-fertile, fut donnée par le Pharaon d'Égypte à Jacob et à ses fils, sur la demande de Joseph, et fut, jusqu'au départ de Moïse, la demeure des Israélites en Égypte.

ans, (17 + 13 = 30), lorsque le souverain d'Égypte, frappé de sa science et de sa sagesse, lui confia l'administration de son royaume. En effet, Joseph sauva l'Égypte et les contrées voisines d'une famine qui, comme il l'avait prédit, dura *sept* ans.

28. Joseph avait 56 ans à la mort de son père.

29. Joseph fut ministre pendant 80 ans.

30. Joseph mourut à 30 ans plus 80 ans, ou à 110 ans :

$$(30 + 80 = 110)[1].$$

---

1. Josué mourut au même âge.

(B) QUESTIONNAIRE.

D. Quel âge Jacob avait-il quand il quitta le pays de Chanaan pour aller en Mésopotamie?

R. 77 ans.

D. Quel âge Jacob avait-il quand il épousa Lia sa cousine ?

R. 84 ans.

D. Quel âge Jacob avait-il quand il épousa Rachel?

R. 7 jours de plus.

D. Quel âge Jacob avait-il quand Joseph vint au monde?

R. 91 ans.

D. Quel âge Jacob avait-il à la naissance de Benjamin ?

R. 97 ans.

D. Au bout de combien d'années Jacob quitte-t-il son pays natal pour aller s'installer en Égypte?

R. Au bout de 33 ans ; il avait donc alors 130 ans.

D. Depuis combien de temps Rachel était-elle morte lors de l'arrivée de Jacob dans la terre de Gessen?

R. Depuis 33 ans.

D. Pendant combien de temps Jacob vécut-il en Égypte?

R. Pendant 17 ans.

D. A quel âge mourut-il?

R. A 147 ans.

D. Quel âge Joseph avait-il, lorsque Jacob le présenta à Isaac?

R. 6 ans.

D. Quel âge Isaac avait-il à cette époque?

R. 157 ans. En effet, Isaac, marié à 40 ans, avait 60 ans à la naissance de Jacob; il avait donc 60 + 97 ou 157 ans lorsque Jacob, âgé de 97 ans, présenta le petit-fils à l'aïeul.

D. Pendant combien d'années Joseph a-t-il connu Isaac?

R. Pendant 23 ans : en effet, 180 — 157 = 23.

D. Leur vie *simultanée* a duré combien de temps?

R. 29 ans : en effet, 6 + 23 = 29.

D. Quel âge Joseph avait-il quand il fut acheté par Putiphar?

R. 17 ans.

D. La vie commune de Joseph et de ses frères a duré combien de temps *au pays de Chanaan?*

R. 11 ans : en effet, 17 — 6 = 11.

D. Quel âge Joseph avait-il lorsque le Pharaon lui confia l'administration de l'Égypte?

R. 30 ans.

D. Combien d'années de la vie de Joseph se sont-elles écoulées, tant chez Putiphar qu'en prison?

R. 13 ans : en effet, 30 — 17 = 13.

D. Quel âge Joseph avait-il à la mort de son père?

R. 56 ans : en effet, Jacob décédé à 147 ans, avait
91 ans à la naissance de Joseph.

D. Combien le ministère de Joseph a-t-il duré d'années?

R. 80 ans[1].

D. A quel âge Joseph est-il mort?

R. A 110 ans : en effet, 30 + 80 = 110.

(C) CE QUI EST FAUX.

Jacob épousa Rachel 7 ans après avoir épousé
Lia ; autrement dit, Jacob épousa Rachel après
avoir servi Laban pendant 14 ans, ces 14 ans
étant comptés à partir de l'installation de Jacob en Mésopotamie.

---

1. Un ministère de 80 ans!... « O tempora! o mores! »
Que les temps sont changés!...

(11) CONSÉQUENCE MATHÉMATIQUE

DE CETTE ERREUR.

JOSEPH N'EST NÉ NULLE PART

Pour établir la fausseté de ces *quatorze ans*, ayons recours, comme en Géométrie, au *mode de raisonnement par la réduction à l'absurde*.

A cet effet, à la suite de l'hypothèse des 14 ans en litige, mettons des nombres incontestables et incontestés; puis, si nous arrivons à un résultat faux, la fausseté de la proposition sera démontrée.

Or, d'une part, Joseph est réellement né dans la septième année du mariage de sa mère; donc, dans l'hypothèse des 14 ans, il est né dans la 21e année de l'âge de son père (âge compté à partir du point de départ cité au nº 3).

D'autre part, Jacob a quitté la Mésopotamie au bout de 20 ans en compagnie de Rachel; et comme 21 est plus grand que 20, la conclusion est que : *Joseph n'est pas né en Mésopotamie.* Or, il y est né; donc je pourrais arrêter ici la *réduction à l'absurde* et conclure. Mais j'irai plus loin pour convaincre les plus incrédules.

Joseph, est-il dit, n'est pas né en *Mésopotamie.* Où donc est-il né? cherchons : Au *pays de Chanaan?* Voyons, examinons. Serait-ce *avant le départ* de Jacob? mais il n'est pas encore marié. Serait-ce au *retour?* mais Rachel meurt en donnant le jour à Benjamin, et il y a 6 ans que son frère Joseph est né.

Il ne reste plus que l'Égypte, car le patriarche n'a habité que trois contrées.

Or, avons-nous dit au n° **24**, Rachel était morte depuis 33 ans quand Jacob arriva au pays de Gessen; donc, à moins d'avoir un enfant longtemps après sa mort, Joseph n'est pas né en Égypte, en sorte que, finalement, *il n'est né nulle part.*

Or, son existence n'a jamais été révoquée en doute; donc la période des quatorze ans, enseignée aux élèves, est fausse.

c. q. f. d. (Ce qu'il fallait démontrer.)

(E) AUTRE MANIÈRE DE RAISONNER.

Si, comme on le prétend, Rachel est épousée au bout de 14 ans; comme elle est mère dans la 14ᵉ année de son mariage, il y a une erreur ou dans la *Bible* qui insiste sur la « *Stérilité* » de Rachel, ou dans l'enseignement de l'Histoire Sainte. Or, la Sainte Écriture ne se trompe pas; donc l'erreur est une erreur scolaire. C. Q. F. D.

Maintenant, voulez-vous la preuve que la faute, loin d'être de pure invention, est au contraire très-répandue? Voici ce que m'écrivait un professeur en 1873 :

« Monsieur,

« Votre explication concernant le mariage de
« Jacob et de Rachel, est parvenue jusqu'à moi.
« Cette explication toute mathématique est
« sans réplique. Mais je continuerai à enseigner
« à mes élèves ce qui est faux, parce que si je
« leur enseignais ce qui est vrai, on leur dirait

« dans un examen qu'ils se trompent, tant *le*
« *Quatorze* en question est consacré dans nos
« écoles[1]. »

Reste à prouver que la dite faute existe à l'é-
tranger.

On sait qu'à Paris, il y a un grand nombre
de pensionnats principalement destinés à recevoir des demoiselles *Anglaises, Américaines, Al-
lemandes, Espagnoles* etc., qui viennent compléter chez nous leur instruction, ce qui, à coup
sûr, est un grand honneur pour la France. Eh
bien ! toutes les fois que j'ai posé à ces étran-
gères la question que voici :

Jacob épousa Lia après avoir servi Laban pendant sept ans ; dites-moi, d'après ce qui vous a
été enseigné dans votre pays, au bout de com-

---

1. Un bon *Catéchisme de persévérance* parvenu, je crois,
à sa 40e édition, renferme cependant en toutes lettres :
« Jacob n'épousa Rachel qu'après avoir servi Laban pendant
14 ans. » Quelle propagande de l'erreur en question !...

Puis, quand je demande aux instituteurs et aux institu-
trices congréganistes s'ils enseignent la période des 14 ans,
que me répondent-ils?

Oui, parce que nous l'avons appris ainsi. Tout me donne
donc raison.

bien de temps, le patriarche épousa Rachel. Il m'a toujours été répondu :

Sept ans plus tard.

Voici encore une preuve à l'appui de mon assertion.

Lors d'une séance au Reichstag[1], figurait à l'ordre du jour le projet de loi ayant pour objet de fixer l'effectif de l'armée prussienne en temps de paix. Cette grave question donna lieu à une discussion fort animée, parce que la proposition du gouvernement paraissait trop onéreuse pour le trésor de l'État.

« Accordez-nous encore cette fois ce que nous vous demandons, dit le premier ministre de l'Empereur, et le délai expiré, la chambre résoudra elle-même la question. »

Ce fut alors qu'un député catholique bavarois s'exprima en ces termes :

« Il en sera peut-être de la promesse de

---

1. Parlement allemand, issu du suffrage universel, qui participe à la confection des lois.

M. le Grand-Chancelier comme de celle de Laban qui promit à Jacob la main de Rachel, s'il
le servait pendant sept ans, et qui, *vous le savez*,
le délai expiré, ne la lui accorda que *sept ans
plus tard*. »

A coup sûr, l'occasion était belle pour ri-
poster et dire : « M. l'orateur : quand on invo-
que la Bible, il faut la citer à propos ; M. l'orateur : vous confondez la *Semaine de jours* avec
la *Semaine d'années*, c'est-à-dire deux nombres
très-différents »

Eh bien, non-seulement la riposte n'eut pas
lieu, mais pas un Allemand présent ne releva
l'erreur commise en pleine assemblée parlemen-
taire.

Il y a plus, le journaliste français auquel nous
devons le récit de cet incident, dont j'ai dû pro-
fiter, ne signala nullement l'erreur partagée par
nos voisins.

En résumé, personne ne me contestera que je
n'aie établi d'une manière péremptoire que la
*croyance des Quatorze ans est une croyance pres-
que universelle*.

(F) CAUSE DE L'ERREUR.

L'esprit est stupéfait ; la raison est comme confondue en présence d'une pareille erreur.

Quelle en peut être la cause primitive ? A mon avis, la voici.

Celui qui, le premier (il y a de cela long-temps), a publié une petite Histoire-Sainte pour les enfants, était fort peu au courant du calendrier en usage chez les Hébreux au temps de Jacob. La supputation du temps ne ne se faisait pas chez eux comme chez nous : Nous n'avons qu'une seule sorte de *Semaine*, et les anciens en avaient plusieurs.

S'agissait-il d'un laps de temps très-court, comme celui que l'on consacrait aux réjouis-sances nuptiales ? La *Semaine de jours*, com-posée de sept jours consécutifs, était le terme de comparaison ou l'*unité*. S'agissait-il, au con-traire, d'un laps de temps considérable à l'ex-piration duquel devait avoir lieu un grand évé-nement ? L'unité temporaire ou de durée était

la *Semaine d'années*, comprenant sept années
consécutives. Ainsi, par exemple, lorsque Daniel
s'exprime ainsi :

« Dans septante semaines comptées à par-
« tir de l'édit qui permettra de rebâtir Jérusa-
« lem et son temple, le Sauveur du monde sera
« mis à mort » de quel genre de semaine s'a-
git-il ? De la semaine d'années; en sorte que
la célèbre prophétie fut faite 490 ans, c'est-à-
dire près de cinq siècles à l'avance.

Eh bien, l'auteur, en question, ayant mal
interprété le passage, cependant bien net et
bien clair de la Bible[1], a confondu les deux
unités de temps, et il en est résulté pour lui
que le second mariage de Jacob a eu lieu au
bout d'une semaine d'*années*, alors que, d'a-
près l'Ancien Testament, il a été célébré au bout
d'une semaine de *jours*. En résumé, le malencontreux auteur a placé le mariage de Jacob
et de Rachel *à la fin* du second « *septennat* »,
tandis qu'il fallait le placer *au commencement;*

---

1. J'engage le lecteur à le relire : « .... La semaine des
noces de Jacob et de Lia achevée, Jacob épousa Rachel.... »

de là, sa conclusion fausse que Jacob n'épousa Rachel qu'après avoir servi Laban pendant 14 ans. Puis, comme souvent, malheureusement trop souvent, les auteurs se copient les uns les autres, établissant ainsi entre eux une touchante communauté d'idées; comme en outre, je ne sais pourquoi, une sorte de prime d'honneur est accordée à ce qui est faux, l'erreur des 14 ans fit, en quelque sorte, la traînée de poudre, au point de se propager d'âge en âge dans les livres et dans l'enseignement, tant en France qu'à l'étranger. Sans ma méthode du *langage des nombres*[1], il est plus que probable, que j'aurais indéfiniment ajouté foi au fameux nombre *quatorze* qui m'a été enseigné sur les bancs de la classe.

---

1. Appliqué à l'*enseignement récapitulatif*, sans toucher aux livres et aux procédés pédagogiques en usage dans l'enseignement didactique. Un volume, au moins, sera publié en 1876.

(G) FINALEMENT CE QU'IL FAUT DIRE.

L'Examinateur. — Au bout de combien de temps Jacob épousa-t-il Lia?

L'élève. — Au bout de 7 ans.

Et Rachel?

L'élève. —La Bible à la main, je réponds : Sept jours plus tard.

Bien ; et si vous aviez dit 7 ans?

De déduction en déduction, à l'aide des nombres bibliques, on aurait conclu que Joseph n'est né nulle part, ce qui est faux.

II

GRAMMAIRE FRANÇAISE

AVERTISSEMENT

Ce que l'on dit
Est indiqué en gros caractères.

Ce qu'il faut dire
indiqué en petits caractères.

1. La grammaire est l'*art* de parler et d'écrire correctement.

> La grammaire est la *science* du langage.
> Le mot *art* est insuffisant[1].

2. Les dix parties du discours sont : le nom, l'article, l'adjectif, le pronom, le verbe, le par-

---

1. La grammaire, du verbe et du nominatif,
Comme de l'adjectif avec le substantif,
Nous enseigne les lois.
(MOLIÈRE.)

ticipe, l'adverbe, la préposition, la conjonc-
tion, l'interjection.

> Soit; mais il ne faut pas mettre le participe
> au nombre des modes, et en même temps en faire
> une des dix parties du discours.

3. Le nom *propre* est celui qui ne convient
qu'à une seule personne ou à une seule chose.

> Le nom *propre* est celui qui n'est appliqué par
> celui qui parle qu'à un seul individu.
>
> EXEMPLES :
>
> 1° Le nom propre Duguesclin a appartenu au
> *père*, à ses *fils*, à ses *filles*, à ses *petits-fils*, *etc.*;
> mais quand on l'emploie, on ne l'applique qu'à
> une *seule* personne.
>
> 2° De même pour Aix : il y a Aix-la-Chapelle,
> Aix-les-Bains, Aix-en-Provence; il y a l'île d'Aix.

4. Le *nom* ou *substantif*.

> Le substantif désigne seulement les substan-
> ces, comme le *fer*, la *pierre*, *etc.* Le nom désigne
> en outre les choses immatérielles comme la *bonté*,
> la *douceur*, *etc.*

5. Il y a *quatre* espèces de substantifs ou

noms : le substantif *propre*, le substantif *commun*, le substantif *composé*, le substantif *collectif*.

Il y a deux espèces de noms : le nom *propre* et le nom *commun*.

Ces deux espèces de noms se subdivisent en noms *composés* et noms *collectifs*.

6. L'adjectif *démonstratif* est celui qui sert à démontrer.

L'adjectif *démonstratif* est celui qui sert à montrer.

Il serait bien de changer le mot *démonstratif* qui convient beaucoup à la géométrie (démontrer un théorème), et fort peu à la grammaire.

7. Le pronom est un mot qui tient la place du *nom*. Il s'en faut que ce soit toujours vrai.

EXEMPLES. *Avez-vous vu la nouvelle pièce qu'on a jouée à l'Odéon? — Je l'ai vue.* Le pronom *l'* pour *la*, ne tient pas la place du seul mot *pièce*, mais de ce mot accompagné de toutes ses modifications. *Voulez-vous que j'aille vous voir? — Je le veux.* C'est-à-dire *je veux que vous veniez me voir*. Les pronoms évitent des répétitions qui, sans leur emploi, seraient fastidieuses. Ils répandent sur tout le discours plus de clarté, de variété et de grâce.

8. Le verbe *impersonnel*, ou verbe *uniper-*

sonnel est celui qui ne se conjugue qu'à la 3ᵉ personne du singulier.

Unipersonnel signifie qui n'a qu'*une* personne. Or, dans *il pleut, il grêle*, quelle est la personne?

Impersonnel veut dire qui n'a pas de personne. Que faire alors de *il?*

9. Le participe est un adjectif dérivé du verbe.

Soit; mais il faut le faire sortir de la conjugaison des verbes, et en faire seulement une des dix parties du discours.

Le participe entre dans le verbe; pourquoi alors n'entrerait-il pas dans la catégorie des adjectifs?

10. Pour trouver le sujet dans une phrase, on fait la question *qui est-ce qui?* pour les personnes, et *qu'est ce qui?* pour les choses.

Pour trouver le sujet, on fait la question *qui?* placée immédiatement devant le verbe.

En effet, si l'on fait la question *qui est-ce qui?* pour les personnes, et *qu'est-ce qui?* pour les choses, on connaît déjà le sujet puisqu'on peut distinguer si c'est une *personne* ou une chose. Dès lors, à quoi bon le chercher?

11. La première personne a la priorité sur la 2°, et celle-ci sur la 3°.

> La première a la priorité sur les deux autres, la deuxième sur la troisième.
>
> D'après ce que l'on dit, on ne prévoit pas le cas où la première et la troisième se trouvent ensemble ; c'est donc fautif.

12. Le verbe pronominal est celui qui se conjugue avec deux pronoms de la même personne.

> Le verbe pronominal est celui dont le sujet et le complément représentent le même individu.

13. Le verbe *actif* est celui après lequel on peut mettre quelqu'un ou quelque chose.

> Cela n'est pas exact. Les verbes *paraître*, *sembler*, *devenir* sont des verbes *neutres* (et non actifs), bien qu'on puisse dire : *paraître quelqu'un, devenir quelque chose*.
>
> Définir d'abord le *complément direct ;* puis, dire : Le verbe *actif* est celui qui a un complément direct. Quant au *verbe :* c'est un mot qui affirme que l'on est ou que l'on fait quelque chose.

(B) QUESTIONS DIVERSES.

14. Les verbes de la 1re conjugaison sont terminés par un *e muet* lorsqu'ils sont à la 2e personne du singulier de l'impératif.

Sont-ce les seuls verbes dans ce cas? (En général, on dit oui).

> Non ; il y en a dans la deuxième conjugaison qui ont aussi cette finale : *ouvrir, offrir, cueillir*, qui font *ouvre, offre, cueille*.

15. Les verbes qui ont le participe présent terminé par *yant*, ont-ils tous un *y* et un *i* à la 1re et à la 2e personne du pluriel du présent du subjonctif? (En général, on dit oui).

> Non ; le verbe avoir, participe présent *ayant*, fait au subjonctif présent, que nous *ayons*, que vous *ayez*.

16. Est-il vrai que les verbes pronominaux essentiels se conjuguent toujours avec deux pronoms de la même personne? (En général, on dit oui).

> Non : on les trouve, en certains cas, sous la forme ordinaire, par exemple avec le verbe faire : *je l'en ferai repentir. Faites-moi souvenir de cette affaire.*

17. *Malgré que* est-il toujours français ?

> Généralement, on dit oui, et l'on a tort. Cette *locution conjonctive*, signifiant *quoique*, est seulement usitée avec le verbe *avoir* : Malgré que j'en aie ; malgré qu'il en ait, etc.

(C) LOCUTIONS OU MANIÈRES D'ÉCRIRE VICIEUSES[1].

Un lévier.

> Dites : Un évier (Terme de ménage).

Une ormoire.

> Une armoire.

---

[1]. Elles sont très-nombreuses, même chez les personnes lettrées. Cependant quelques fautes ont fini par disparaître : ainsi, on ne dit plus *mairerie* pour *mairie*. Se méfier de l'écriture des mots *orthographe*, *plain-pied*, *plain-chant*.

Il faudrait que vous veniez.

> Il faudrait que vous vinssiez.

On m'a dit que vous iriez.

> On m'a dit que vous irez.

C'est l'homme que j'estime davantage.

> C'est l'homme que j'estime le plus.

Jouir d'une mauvaise santé.

> Avoir une mauvaise santé.

De crainte qu'il vienne.

> De crainte qu'il ne vienne.

La plus petite difficulté vous arrête.

> La moindre difficulté vous arrête.

Échapper d'une maladie.

> Réchapper d'une maladie.

Demander à corps et à cris.

> Demander à cor et à cri.

Cette affaire est très-pressée : faites-la de suite.

> Cette affaire est très-pressée : faites-la tout de suite.

Desagrafer.

> Dégrafer.

Méditer les moyens de nuire.

> Méditer sur les moyens de nuire.

Sous le rapport de.

> Par rapport à.

Je lui ai fait souvenir.

> Je l'ai fait se souvenir.

Ils se revêtissent, revêtissant.

> Ils se revêtent, revêtant.

Ingrat vis à vis de ses parents.

> Ingrat à l'égard de ses parents.

Je m'en vais vous parler.

> Je vais vous parler.

Aussitôt mon arrivée.

> Aussitôt après mon arrivée.

Bailler aux corneilles.

> Ecrivez : Bayer aux corneilles.

Un emploi conséquent.

Un emploi important.

Je les ai toujours conseillées de préférer.

Je leur ai toujours conseillé de préférer.

Je suis courbature.

Je suis courbatu.

L'estrapontin.

Le strapontin.

Je m'en rappelle.

Je me le rappelle.

C'est là où je demeure.

C'est là que je demeure.

C'est là où je veux aller.

C'est là que je veux aller.

Quand écrivez-vous *la* sans accent? avec un accent!

Rép. Là adverbe, seul ou en composition, prend l'accent; article ou pronom, il ne le prend pas.

Comment prononcez-vous enver*gure* ?

Rép. Écrivez et prononcez toujours envergure
(*g* dur) avec l'Académie.

Quand écrivez-vous fatigant, ou fatiguant ?

Rép. Participe présent : fatiguant ; adjectif verbal : fatigant.

III

HISTOIRE ET GÉOGRAPHIE

HISTOIRE ET GÉOGRAPHIE

DE LA FRANCE

1. *Le Traité de Verdun en 843*. C'est vrai.

Mais, de quel Verdun s'agit-il, car on en compte neuf en France?

Réponse : De Verdun-sur-la-Meuse. — C'est faux : le Verdun en question, est *Verdun*—sur—la—*Saône*. C'est le Verdun qui est situé sur la rive gauche de la Saône, un peu au-dessous de son confluent avec le Doubs. —Rappelons-nous que la sanglante bataille de Fontenay, qui aboutit à un premier démembrement de l'empire de Charlemagne, eut lieu dans l'Auxerrois, en Bourgogne, et non sur la Meuse.

2. *Le Traité de Brétigny* en 1360. — C'est vrai.

Mais, de quel Brétigny s'agit-il, car il y en a *douze* en France? Ici, la faute est moins répandue que la précédente. Généralement, les élèves répondent, et ils ont raison : de Brétigny — Eure-et-Loir, près de Chartres. — Mais, certains auteurs disent : Brétigny, Seine-et-Oise. Si un élève me faisait cette réponse, je lui poserais cette question : de quel Brétigny s'agit-il? Car il y en a quatre dans ce département.

On éviterait facilement le genre de fautes que j'ai déjà signalées, si, au lieu de regarder à peine les nombres qui se trouvent au bout de la plume, les auteurs les vérifiaient et les soumettaient à des *concordances*.

On l'a dit, et on ne saurait trop le répéter : on ne résiste pas à *l'éloquence des chiffres*[1]. il y a plus, le nombre est un maître implacable, im-

---

1. Cette éloquence est plus que jamais à l'ordre du jour. « *Les nombres régissent les mondes* », disaient les anciens. « *Les nombres régissent la France* », disent les contemporains. En effet, *comptage* des voix pour l'élection d'un sénateur, d'un député, etc., est une affaire de chiffres.

pitoyable, parfois même brutal, ce qui n'empê-
chait pas l'illustre *Arago*, sincère républicain,
de l'appeler :

« *Majesté !* »

« Découvrons-nous respectueusement, disait-
il, majestueusement, devant la *Majesté* des chiffres[1]. » Remarquons que cette Majesté est à
l'abri des révolutions. Honneur donc à l'Arithmétique !....

Je reviens aux erreurs :

M'adressant aux élèves, je leur dirai : Méfiez-
vous des questions qui, comme les deux précédentes, comprennent tout à la fois, l'*histoire*
et la *géographie*.

Méfiez-vous aussi des personnages célèbres
qui portent le même nom (les Guise, les Mont-
morency, etc., etc.).

Méfiez-vous surtout de ceux qui ont *le même
nom et la même qualité* : Le duc de Guise, dit le

----

1. Cours d'astronomie populaire à l'Observatoire de
Paris, sous le gouvernement de Louis-Philippe.

Balafré; duquel parlez-vous? de François? de Henri? c'est-à-dire, du père? du fils? car, n'en déplaise à certains auteurs, ils ont été balafrés tous les deux, pas au même degré, c'est vrai; mais tous les deux, je le répète, avaient une cicatrice au visage, provenant d'une blessure[1].

AUTRE EXEMPLE : Qu'un élève me parle du *cardinal de Guise,* je lui demanderai duquel il s'agit; car il y en a eu trois : deux surtout sont bien connus : celui qui mourut d'une pleurésie à Avignon, à la suite d'une sotte procession en compagnie de Catherine de Médicis; puis le neveu du précédent, mort assassiné au château de Blois[2].

---

1. Voir au besoin mon *Plutarque de l'armée française.*

2. Le troisième était *Louis de Lorraine,* que le peuple avait surnommé le *Cardinal des bouteilles,* sans doute parce qu'il préférait la bonne chère à la *politique ;* peut-être, n'avait-il pas tort.

IV

HISTOIRE NATURELLE

1. *La Chauve-souris est un oiseau*. Faux : Que ce petit animal *insectivore* reçoive le nom de *chauve* parce que ses ailes sont dépourvues de plumes, soit; qu'on l'appelle *souris* parce qu'il lui ressemble par la forme de son corps, soit encore; mais il faut être bien ignorant en histoire naturelle pour dire que, par cela même qu'il vole, cet animal est un *oiseau*.

Scientifiquement parlant, *la chauve-souris est un mammifère de l'ordre des chéiroptères*[1].

---

1. La Fontaine, pour obéir à la rime, a dit quelque part *souris-chauve*.

2. *La baleine est un poisson.* Faux : Les *Dauphins*, les *Cachalots* et les *Baleines* sont des mammifères[1]. Doués d'une respiration aérienne, ces animaux ne vivent pas plus dans l'eau que les *Phoques et les Morses* qui sont aussi des mammifères. — Les uns et les autres vivent à la surface de l'eau, et non dans les profondeurs de la mer, dans lesquelles ils ne peuvent que pénétrer en *plongeant.*

3. *La baleine dépose ses œufs sur le sable.* Faux : Qui a jamais vu des œufs de baleine? La baleine est vivipare, et non ovipare; elle *allaite* son petit, que l'on nomme *baleineau.* Voilà la vérité.

4. *L'écrevisse est un petit poisson rouge qui marche à reculons.* Triplement faux : 1° Ce n'est pas un poisson mais un *crustacé;* 2° elle n'est pas rouge, mais d'un brun verdâtre; 3° elle marche droit comme les autres animaux; seulement, quand elle recule brusquement en arrière c'est qu'elle a donné un coup de sa queue repliée sous son abdomen; dans ce cas, elle

---

1. Le cachalot a des dents, remplacées chez la baleine par les fanons dont on fait les *baleines* du corset de nos dames.

recule par l'effet de la réaction. — Voilà ce qu'il faut entendre par la prétendue marche à reculons de l'écrevisse, ce qui infirme un certain dicton bien connu.

5. *L'écrevisse et le homard appartiennent au même genre de crustacés.* Faux : ils forment deux genres très-distincts.

6. *Le coq-d'Inde ou Dindon est originaire de l'Hindoustan.* Faux : il vit à l'état sauvage au Mexique et aux États-Unis, depuis l'Illinois jusque vers l'isthme de Panama.

7. *La salamandre est incombustible, et possède la faculté d'éteindre le feu.* Faux : mettez l'un de ces reptiles amphibies sur un brasier ardent, et vous verrez s'il brave le feu, et surtout s'il l'éteint.

8. *La salamandre est venimeuse.* Faux : ce Batracien urodèle, n'a pas de glandes salivaires à venin, et ses dents sont trop petites pour entamer la peau ; il est donc inutile de faire venir le médecin pour guérir la prétendue morsure.

9. *La vipère est vivipare.* Faux : comme la

salamandre terrestre, elle est ovo-vivipare, mot qui signifie que, chez ces animaux, l'œuf éclôt dans le sein de la mère. Quant aux salamandres aquatiques ou tritons, elles sont ovipares.

10. *La vipère pique.* Faux : la vipère mord[1].

11. *La langue de la vipère lance le venin.* Faux : le venin de la vipère, liquide très-dangereux, est secrété par des glandes spéciales placées sous les muscles de la mâchoire, lesquelles communiquent avec les dents creuses placées à la partie antérieure de la mâchoire ; en sorte que l'effort qui est fait par la vipère pour mordre, expulse le venin contenu dans la glande, et le pousse jusqu'au fond de la blessure laquelle est toujours très-grave, au point, dit-on, de pouvoir occasionner la mort, si le remède n'est pas prompt et énergique.

12. *La langue de la vipère est l'emblême de*

---

1. La sangsue entaille ; la puce mord, selon les uns, et pique selon les autres. Idem pour la punaise ; voire même la puce savante attelée à un char.

la calomnie. Faux : ce préjugé, sans fondement, repose sur l'observation erronée que je viens de rappeler.

En fait de *mauvaises langues,* ce ne sont pas les langues de vipères qu'il faut redouter, mais certaines langues masculines ou féminines, d'une forme acérée comme un dard. En fait de calomnie, cette arme redoutable des envieux, le père d'Alexandre le Grand, Philippe II, roi de Macédoine[1], disait : « *La blessure se ferme, mais la cicatrice reste.* » De nos jours, on dit : « *Calomniez, calomniez, il en restera toujours quelque chose.* » — « *La calomnie est comme le charbon : quand il ne brûle pas, il salit.* » La pensée est toujours la même; il n'y a que les mots de changés.

13. *L'abeille a deux ailes.* « Faux : elle en a quatre; elle est *tétraptère* et non *diptère.*

14. *Le pélican se déchire les flancs pour faire boire son sang à sa couvée.* Faux : le pélican se

---

1. 609-576 av. J.-C.

contente de dégorger devant ses petits les poissons contenus dans une poche suspendue à sa mâchoire inférieure. L'exemple du pélican comme emblême de *l'amour maternel*, repose donc sur une fausse observation.

15. *La bave du crapaud est venimeuse; son souffle et son regard sont dangereux.* Tout cela est faux en dépit d'un certain dicton. Les *crapauds* et les *grenouilles* sont pour nous de précieux batraciens qui s'attaquent aux insectes et aux mollusques tels que les limaces, à tel point que *le crapaud est l'ami du jardinier.* Mais, dit-on, le crapaud est si laid, si difforme, qu'il faut le tuer à coups de pierres. Singulier raisonnement! Faites donc disparaître tout ce qu'il y a de laid ici-bas, et vous verrez ce qui restera. Donc, paix au crapaud!

16. *Le chant du cygne expirant.* Erreur populaire: loin d'être doué d'un chant mélodieux, le cygne ne fait entendre qu'un sifflement sourd et strident, fort peu agréable à l'oreille.

Le chant du cygne à sa mort, n'est qu'une des riantes fictions de la Grèce :

> Le Cygne à la fin de sa vie,
> Fait entendre un touchant accord,
> Et d'une voix affaiblie
> Chante lui-même sa mort.

C'est poétique et sentimental; mais c'est faux. Il est vrai que les poëtes ne se regardent pas comme tenus d'être très-versés dans l'étude de l'histoire naturelle ; exemple notre bon La Fontaine qui fait *coasser* le corbeau et *croasser* la grenouille; il a interverti les rôles en confondant le *coassement* avec le *croassement;* puis, ailleurs, il fait chanter la *cigale* à une époque de l'année où cet insecte n'existe plus[1]. Ces erreurs n'empêchent pas que notre fabuliste ne soit un des plus grands philosophes.

Revenons au cygne. Le poëte Delille a dit avec beaucoup de raison :

> Le Cygne à qui l'erreur prête des chants aimables,
> Et qui n'a pas besoin du mensonge des fables.

Enfin, Malherbe vint :

> Ce sera là que ma lyre

---

1. Voir la note à la fin de l'ouvrage.

> Faisant un dernier effort,
> Entreprendra de mieux dire
> Qu'un cygne près de sa mort[1].

17. *Le cerf, le chevreuil, mortellement blessés, pleurent en mourant, tant ils regrettent la vie.* C'est sentimental comme le chant du cygne expirant, mais c'est faux. L'erreur vient de ce qu'après une course désordonnée, le larmier (fente au-dessous des yeux) de ces animaux qui est très-grand, se remplit de larmes, dont l'effort de la course a activé la production.

18. *Le forficule est un insecte perce-oreille.* Faux : le forficule ne menace l'oreille de personne. L'organisation de cet organe chez l'homme est telle, qu'il est impossible à l'animal de s'introduire dans sa tête par l'oreille.

19. *Le* Tœnia *est un animal parasite* soli-

---

1. Dire qu'un haut fonctionnaire dans la magistrature, s'est oublié au point de confondre dans un discours de rentrée solennelle le poète *Malherbe* (mort en 1628), avec le magistrat et homme d'état *Malesherbes* (mort sur l'échafaud en 1794.... Quand? Sous Louis-Philippe. Où? à Caen, patrie de Malherbe!... Gare aux distractions, surtout en public!

TAIRE. La dénomination de *ver solitaire*, **consa-**
crée par l'usage, est impropre, car il arrive fréquemment que ce ver plat, dont le corps est
composé d'un grand nombre d'anneaux articu-
lés, coexiste et vit en compagnie avec plusieurs
sujets de son espèce dans le même intestin.
Plusieurs *Tænias* (3, 5 et même 7) ont été ren-
dus par des malades. La longueur de cet ento-
zoaire est le plus communément de 6 à 8 mètres. Il n'est pas toujours facile de se débarras-
ser de cet hôte incommode et dangereux.

20. *L'estomac de l'homme est situé dans sa
poitrine*. Faux : ce principal organe de la di-
gestion est situé à la partie supérieure de l'abdomen.

21. *La gale est une affection qui est due à un
vice du sang*. Faux : cette maladie est due à la
présence d'un *acarus* parasite, appelé *sarcopte*,
qui se creuse une petite galerie dans l'épais-
seur de l'épiderme.

22. *Je souffre d'un rhume de cerveau*, pour :
Je souffre d'un *coryza*, c'est-à-dire d'une in-
flammation de la muqueuse nasale.

23. *Vous êtes un âne, et vous serez toujours un âne.*

Pourquoi donc faire ainsi de l'âne, si bien peint par Buffon, un emblême d'ignorance et de stupidité? Quand donc rendra-t-on justice à ce patient serviteur de l'homme, auquel, en fait d'argent, il coûte si peu? Il est *entêté*, dit-on, soit; mais, que de gens atteints de la même infirmité, et que cependant on ne rudoie pas! Il est vrai que si l'âne n'est pas difficile pour son *manger*, il l'est pour sa *boisson*; oui, il lui faut une *eau* claire qui lui plaise.

Eh bien, pourquoi, *par imitation*, les amateurs des *comptoirs d'étain*, ne sont-ils pas plus difficiles sur la qualité du vin, de l'absinthe et autres liqueurs qu'on leur fait boire? Si cela était, la société compterait moins d'ardents politiques, de fougueux orateurs dans les cabarets, et dans les ateliers d'ouvriers. Il y aurait moins de femmes battues par leurs maris, moins d'enfants brutalisés par le père, en un mot, moins de scandales au foyer domestique. Il y aurait aussi beaucoup moins d'individus assis sur les bancs de la *Police correctionnelle*, sur

les bancs des *Conseils de guerre* et de la *Cour
d'Assises*, où les accusés croient avoir tout dit,
quand ils ont répété cette phrase si connue :
« *Que voulez-vous, mon Président, j'avais bu un
coup de trop !*... Comment malheureux, vous
perdez volontairement la raison, et vous ne
voulez pas être responsable du crime commis
en état d'ivresse? singulière erreur, que souvent hélas ! on expie sur l'échafaud !

Quand donc, pour le repos et le bonheur des hu-
mains, n'entendra-t-on plus parler autant d'un
certain Dieu au visage empourpré, à la tête cou-
ronnée de pampre et de lierre, avec un thyrse
d'une main et des grappes de raisin de l'autre?
d'un Dieu porté en triomphe sur un *tonneau* en
guise de char? Mais hélas ! le règne de Bac-
chus n'est pas près de finir, car il est plus flo-
rissant que jamais[1].

24. *Il est bête comme une oie.*

Je regrette que le défaut d'espace ne me per-
mette pas de prouver la fausseté de ce dicton

---

1. Pourquoi ne pas guérir homœopathiquement les
ivrognes, c'est-à-dire par les spiritueux à très-forte dose?

populaire par des exemples choisis dans la vie domestique, en dépit de cette objection, que ce palmipède se laisse plumer vivant sans crier. A quoi ses cris lui serviraient-ils ? Son silence fait honneur à sa philosophie. Mais, laissons parler l'histoire.

L'oie était-elle bête, quand elle sauvait le Capitole, lors de l'audacieuse attaque nocturne des Gaulois ?

L'oie était-elle bête, lorsqu'elle sauvait la ville de Strasbourg (Argentoratum) attaquée en 357 par les *Allemands*, et défendue par Julien, gouverneur des Gaules, plus tard empereur Romain?

Pauvre Strasbourg !

Malgré ta défense héroïque,

Tu n'appartiens plus que par le cœur à la France!...

Alsace!... Lorraine!...

Mais, dit-on, l'*oie a l'air bête*. D'accord ; mais que de gens qui ont l'air bête et qui n'en ont que l'air ! Réciproquement, que de gens qui n'ont pas l'air bête, et qui sont plus que bêtes ! Gardons-nous donc de répéter, à la légère, tous ces faux préceptes ; car, quoi qu'on en dise, les *proverbes* ne sont pas toujours la quintessence de la « *sagesse des nations.* »

25. Nous terminerons cet article par un engrenage d'erreurs plus grosses les unes que les autres :

La colombe est la *compagne* du pigeon.
La perruche, celle du perroquet.
La corneille, celle du corbeau.
La souris est la *compagne* du rat.
La grenouille, celle du crapaud[1].
La guenon, celle du singe.

En zoologie, on donne le nom de guenon à un genre de singes à longue queue ; parmi ces quadrumanes, se trouvent des *pillards* et des *pillardes* très-habiles à voler dans les jardins les fruits et les légumes.

---

1. La grenouille a des dents; le crapaud en est dépourvu.

(B) BOTANIQUE.

26. *La pomme de terre est une racine.* Faux : C'est une branche souterraine, comme l'attestent les bourgeons qu'elle porte. Dans le langage de la science, la pomme de terre porte le nom de *Tubercule*.

Nota. Ce qu'on appelle *fleur* dans le bluet, le dahlia, la pâquerette, les chrysanthèmes, etc., n'est pas une fleur. C'est une inflorescence, un groupe de fleurs. Les plantes chez lesquelles on l'observe, forment la nombreuse famille des *composées*.

Sans rime ni raison, on a attribué pendant longtemps des propriétés médicinales à un grand nombre de plantes. Le meilleur exemple de ce genre qu'on puisse citer, est celui du *Bugle* (Labiée) et de la *Sanicle* (ombellifère). En leur honneur, on avait composé le dicton suivant :

Avec le Bugle et la Sanicle
On fait au chirurgien la nique.

C'est qu'en effet on leur attribuait la propriété
d'arrêter les hémorrhagies, etc.

27. *Les quatre fleurs pectorales*. (Quelles sont-
elles d'après la formule du Codex? On nomme
à faux la guimauve et le bouillon blanc, qui appartiennent à la tisane des *sept* fleurs.)

V

PHYSIQUE ET CHIMIE

1. La *Lune rousse*. C'est le nom que les *jardiniers* donnent à une lune qui commence en *avril*,
devient pleine, soit à la fin de ce mois, soit plus
ordinairement dans le courant de *mai*. Suivant
eux, bons praticiens mais physiciens ignorants,
la lumière de cette lune exerce une fâcheuse influence sur les jeunes pousses dont les feuilles
et les bourgeons exposés la nuit à sa lumière
roussissent en gelant.

C'est en *physique* que l'on donne la véritable
explication *du rayonnement nocturne* fatal aux vé-
gétaux, rayonnement auquel la lune est étran-
gère. Le seul rôle de notre satellite est d'assister

à ce fâcheux phénomène, d'en être pour ainsi dire le témoin, ce qui prouve qu'il est toujours dangereux d'être en mauvaise compagnie[1].

Cette lune rousse nous remet en mémoire une anecdote très-piquante.

Un jour que le roi Louis XVIII recevait aux Tuileries, à l'occasion du jour de l'an, les différents corps de l'État, le malin monarque ne s'avisa t-il pas de demander ex-abrupto au célèbre Laplace ce que c'était que la *lune rousse*. Comme

---

1. Que dire aussi des absurdes dictons :

« La lune mange les pierres. »
« La lune dépolit, mange les vitres. »

Mais pour peu que cela continue, la lune mangera aussi les petits enfants ! oui, il ne lui manque plus que d'être anthropophage.

Tâchons donc de nous faire une idée plus exacte du rôle astronomique que notre satellite joue dans le système planétaire. Laissant de côté les *jardiniers*, les *tailleurs de pierres* et les *vitriers*, expliquez moi donc d'une manière *très-exacte*, la *cause* de cette *illusion d'optique* connue de tout le monde, illusion singulière par laquelle la lune nous paraît *énorme* à l'horizon, et, relativement, *toute petite* au zénith, alors que son *rayon* ne changeant pas, la surface et le volume de l'astre restent invariables, que cet astre se rapproche ou s'éloigne de la terre. Oui, cela vaudra mieux que toutes les sottises que je viens de citer.

l'auteur de la *Mécanique céleste* ne l'avait jamais rencontrée dans ses calculs, il resta muet, comme si ces deux mots : *lune rousse*, lui avaient instantanément coupé la parole. Ce ne fut que plus tard qu'il entendit parler de la *lune rousse des jardiniers*, ce qui lui permit de dire au roi : « Sire, si je n'ai pas répondu à votre question sur la lune rousse, c'est que cette lune n'existe pas. — C'était ce qu'il fallait m'expliquer, Monsieur le marquis, » répliqua le roi en souriant, enchanté d'avoir pu embarrasser (les écoliers diraient.... *coller*) un savant académicien.

J'ai dit que la lune rousse n'existe pas dans le monde *physique*; malheureusement, elle n'existe que trop dans le monde *moral*, dans certains ménages, parfois très-riches, très-aristocratiques, alors qu'elle a pris le lieu et place de la *lune de miel*, en général si rapidement écoulée, si promptement oubliée.

Oui, celle-là roussit, refroidit, gèle, tue les affections du cœur, brise les liens de la famille, à tel point que les journaux sont souvent remplis de procès scandaleux en séparation de corps et de biens, mettant ainsi le public, que dis-je, le monde entier, dans la confidence de ces choses qui, dans l'intérêt de la morale publique et celui des malheureux enfants, ne devraient jamais franchir le seuil du foyer domestique.

Un grand homme a dit dans un langage trivial, mais vrai :

« *Lavons notre linge sale en famille.* »

Mais en voici assez sur la lune : parlons d'autre chose.

1. *Le tonnerre et la foudre sont une seule et même chose.* Faux : rigoureusement parlant, le *tonnerre* est le bruit éclatant qui accompagne la *foudre*, laquelle est l'étincelle semblable à celle que nous produisons avec nos machines électriques : il ne faut donc pas dire que le tonnerre est *tombé* sur tel ou tel édifice.

Ne dites pas non plus que le *laurier* attire la foudre. Cette faute se trouve dans plusieurs livres.

2. *Dieu! que le temps est lourd!* C'est le contraire qu'il faudrait dire. En effet, on s'exprime ainsi quand la pression exercée par l'atmosphère a diminué : dès lors, le poids de l'air est devenu plus léger. Ainsi le dicton tombe à faux.

3. *La feuille métallique très-mince qui sert à envelopper le chocolat, est une feuille de plomb.* Faux : c'est une feuille d'étain.

4. *La plombagine est une substance ainsi nommée parce qu'elle renferme du plomb.* Faux : la plombagine ne renferme pas de plomb. C'est une variété de charbon à laquelle les chimistes donnent le nom de *graphite*.

5. *Le mercure est du vif-argent.* Faux : le mercure ne renferme pas la moindre quantité de ce dernier métal.

VI

ARITHMÉTIQUE

DES DEMOISELLES

Avant tout, je tiens à reproduire ici la substance de ce que j'ai dit dans l'Avertissement : pas de partialité, pas de personnalités ; l'intérêt des études, rien de plus, rien de moins, c'est-à-dire la dignité de l'enseignement.

Ainsi quand, dans un instant, je dirai que l'arithmétique est gravement compromise ; que, depuis bien des années, elle est en souffrance au détriment des élèves, cela ne voudra certes pas dire que, nulle part, elle ne soit bien enseignée par des instituteurs, par des maîtresses ou des sous-maîtresses. Le lecteur qui en jugerait ainsi, dénaturerait ma pensée, et me supposerait un

esprit de dénigrement qui répugne à mon caractère. De quoi s'agit-il donc ici? d'une *résultante*
générale dont les *composantes* sont les *fautes*, en
quelque sorte cosmopolites, relevées dans les
livres, les concours et les examens. A quel état
de décadence l'enseignement classique ne fini-
rait-il pas par tomber, si les membres des
commissions d'examen se croyaient obligés par
un faux scrupule, de tenir secrètement cachées
des erreurs produites en public? Au lieu de
cela, donnons-leur la plus grande publicité
dans l'espoir d'en rendre le retour impossible.

C'est la guerre à la *routine* dont j'ai parlé
dans l'*Avertissement;* et à coup sûr, une guerre
ainsi faite, au grand jour, est une guerre fran-
che et loyale.

Plaçons-nous plus haut, et disons : Quel service le *Moniteur officiel* (étranger à la politique)
ne rendrait-il pas aux professeurs et aux can-
didats si, à l'issue des concours d'admission
aux écoles spéciales du gouvernement (école
Polytechnique, école de Saint-Cyr, école Na-
vale....), cette feuille publiait la liste des fautes
relevées par les examinateurs dans les divers

centres d'examen, comme si ces fautes avaient
été puisées à la même source !

C'est le cas de le dire : « *on ne tombe que du
côté où l'on penche* », et les élèves médiocres
penchent tous du même côté; venons-leur donc
en aide pour leur donner les moyens de se
relever.

A mon avis, l'enseignement, soit par la parole, soit par la plume, est une espèce de sa-
cerdoce; pour ma part, j'ai à cœur de l'exercer
dignement, noblement, tout en répétant avec
le sage :

« *Fais ce que dois; advienne que pourra!* »

Ceci dit, j'aborde mon sujet. Tout d'abord, disons qu'en arithmétique, les fautes se comptent
par *centaines*. Je me contenterai d'en citer
quelques-unes[1].

----

1. Voir, au besoin, la 7e édition de notre *Arithmétique*
in-12.

(A) NUMÉRATION.

1. *On ne peut compter que des choses de même espèce.*

Rien n'est plus faux.

A chaque instant, on fait le contraire. Ainsi, on compte des pommes d'espèces très-différentes, etc. Donc, *dès le début*, on est en désaccord avec ce qui se fait dans la pratique. On va même jusqu'à dire que l'on ne peut compter que des choses, soit *égales*, soit *semblables*.

Le *fruit* étant pris pour *unité*, je compte comme tel, des pommes et des oranges.

La *fleur* étant l'unité, je compte comme telle, des roses et des œillets, etc.

2. *Le zéro est un chiffre insignificatif.*

Le mot insignificatif est-il français? Non. Puis, *que répondrait la maîtresse à l'élève qui lui dirait :* « Puisque l'arithmétique repose sur quelque chose qui ne signifie rien, je suis dispensée de l'étudier? »

Pour montrer la fausseté de la proposition, j'ai résumé dans mon Traité d'arithmétique les dix principales significations du zéro.

Parmi ces significations, j'en citerai ici deux sans lesquelles, il en serait de certaines règles pratiques de l'arithmétique, comme des règles *générales* de la grammaire, qui, pour la plupart, admettent plus ou moins d'exceptions.

1° Sans le zéro, la *règle de la multiplication des nombres décimaux* serait en défaut pour le produit de 0,000004 par 0,000002; car, comment séparer 12 chiffres sur la droite du nombre 8 *qui*, en apparence, ne renferme qu'un seul chiffre?

2° Sans le zéro, la *règle de la division des nombres décimaux* (je ne parle pas de la règle *surannée* consistant à s'arranger de manière à toujours avoir le même nombre de décimales au dividende et au diviseur), ne s'appliquerait pas à la division de 0,4 par 0,000002; car, comment déplacer de *six rangs* la virgule du dividende alors que dans ce dividende il n'y a qu'un rang, du moins en apparence?

Insistez donc sur ce que le zéro a *toujours* une signification, malgré que ce dixième chiffre de l'arithmétique n'ait pas de valeur intrinsèque, de valeur numérique par lui-même[1].

(B) ADDITION.

5. *Des nombres peuvent être additionnés toutes les fois qu'ils sont de même nature ou de même espèce.*

D'abord pour s'exprimer ainsi, il faut préalablement admettre les *nombres concrets*, contrairement à la recommandation de l'auteur de la *langue des calculs*; (pour *Condillac*, l'expression : *nombre concret* est une expression barbare); contrairement aussi à l'enseignement *secondaire*, à l'enseignement *supérieur*, enseignements desquels ces prétendus nombres sont à tout jamais bannis.

Malheureusement, dans l'arithmétique des demoiselles, il n'en est que trop question;

---

1. Le zéro a même une signification quand on dit, à propos, qu'on l'*ajoute* à un nombre : il n'en change pas l'*écriture*, et par conséquent, la *valeur*, ce qui est très-significatif. Voilà pourquoi dans la multiplication de 6834 par 2004, on ne calcule que deux produits partiels.

c'est pour cela que, confondant la *grandeur concrète* avec le nombre qui en est la *mesure* servant à l'exprimer, on parle de la *nature* et de *l'espèce* des nombres; comme si un nombre n'était pas d'abord un *répétiteur*, plus tard, un *multiplicateur*, plus tard enfin un *rapport!* Voilà la gradation des idées [1].

Revenons à la proposition du n° 5.

D'après cette proposition, 3 *heures* et 2 *minutes* feraient 5 heures ou 5 minutes, ce qui est faux; et cependant, d'après le langage des nombres concrets, 3 *heures et* 2 *minutes* sont des nombres de même espèce.

Ainsi, d'après la dite règle, l'addition doit être possible, et nous en constatons l'impossibilité; mais cette impossibilité cesse dès que l'on a choisi son unité de temps. Si c'est l'heure, l'addition porte sur 3 et $\dfrac{2}{60}$ c'est-à-dire sur deux nombres exprimant, l'un des heures, et l'autre, une fraction d'heure.

Ce n'est pas tout : *Que répondrait la maîtresse à l'élève qui lui dirait :* Au commencement de

---

1. Dans chacun de ces cas, le nombre est abstrait.

l'arithmétique vous nous avez fait admettre les nombres concrets, et, voici que dans la *théorie des proportions* vous ne les admettez plus, puisque, dites-vous, les nombres sont des *rapports*, et que les rapports sont toujours abstraits. » Oui, que répondrait-on? On serait bien obligé d'avouer que l'on est en contradiction avec soi-même, ce qui ne serait édifiant ni pour le professeur, ni pour les élèves.

4. *Des nombres ne peuvent être additionnés lorsqu'ils sont de nature ou d'espèce différente.*

Pour mieux faire comprendre la fausseté de cette autre règle, conséquence de la précédente, ayons recours à des exemples *enfantins* préférables en pareil cas, à des exemples *scientifiques.*

Combien font 3 *pommes d'une certaine espèce et* 2 *pommes d'une espèce toute différente?* Réponse : 5 pommes. Alors que, d'après la dite proposition, l'addition serait impossible.

Combien font 3 *pommes et* 2 *poires?* Réponse : 5 fruits. Ici, je ne compte les objets ni comme pommes, ni comme poires, mais comme *fruits,* parce que le fruit est une qualité commune ou un attribut commun (à la pomme et à la poire) pris pour terme de comparaison ou *unité.*

A celui, ou à celle qui nierait que 3 pommes et 2 poires font 5 fruits, je dirais : Vous admettez que $\frac{2}{3}$ et $\frac{3}{4}$ font $\frac{17}{12}$, car vous l'enseignez à vos élèves, lorsque vous leur dites, et avec raison : « pour additionner ces fractions, je commence par les réduire *au même dénominateur*, c'est-à-dire à la *même dénomination* ; c'est-à-dire, que je ne compte les *tiers* et les *quarts* ni comme *tiers* ni comme *quarts*, mais comme *douzièmes*, en sorte que je remplace 3 et 4 par d'autres nombres 8 et 9, mais exprimant une chose de même nom. Dès lors, pourquoi ne voulez-vous pas que je fasse avec 3 pommes et 2 poires ce que vous faites avec 2 tiers et 3 quarts, comme si le mot *fruit* ne correspondait pas au dénominateur : *douzième*. Ainsi, la contradiction est manifeste.

Croyez-moi, renoncez à la vieille scolastique, et à tout ce fatras des nombres *concrets*, des nombres de *même nature*, des nombres de *même espèce*, d'autant plus que les mots *nature* et *espèce* sont fort difficiles à définir.

Mais, insistez sur ce que le nombre est 4

quand on dit 4 francs; sur ce que le nombre est 4 quand on dit 4 mètres, et ainsi de suite.

Enfin, ne vous lassez pas de répéter que les calculs ne portent jamais sur les *grandeurs concrètes*, mais seulement sur les nombres qui les désignent, qui les expriment[1]. Oui, faites cela, et vous ne tarderez pas à voir à quel point les choses se simplifieront.

(C) SOUSTRACTION.

5. Ce que nous avons dit de l'addition s'applique à la soustraction.

En conséquence, pour que deux nombres puissent être soustraits l'un de l'autre, il faut et il suffit que ces deux nombres expriment une *chose de même nom*, au lieu de qu'ils soient de même *nature* ou de même *espèce*. Exemple :

$$3^{h} - 2^{m} = 3^{h} - \frac{2^{h}}{60} = 3 - \frac{2}{60} = 2^{h} + \frac{29^{(2)}}{30}.$$

1. L'arithmétique est la science des *nombres*.
2. *h* (heure); *m* (minute).

(D) MULTIPLICATION.

DÉFINITION PRÉTENDUE GÉNÉRALE.

5. « La *Multiplication* est une opération qui a pour objet de COMPOSER un nombre appelé *produit*, avec un autre nombre appelé *multiplicande*, comme un autre nombre appelé *multiplicateur* est *composé* avec l'*unité*. »

Voilà une longue et pompeuse définition de la multiplication, opération que, évidemment, il faut étudier, à l'aide de ce qui la précède et non de ce qui la suit, telle que la *division des nombres entiers*.

En conséquence, que répondrait la maîtresse à l'élève qui lui dirait :

« Comme il y a plusieurs manières de composer deux nombres entre eux, ayez la bonté de nous dire de quelle *composition* il s'agit ici ; en un mot : quel est le sens précis du mot *composer* ? »

Oui, que répondrait la maîtresse ?

De deux choses l'une, ou elle donnera, ou elle ne donnera pas l'explication demandée. Dans le second cas, prise en défaut par ses élèves, elle perdra toute autorité sur elles et sera, comme on dit, démonétisée dans sa classe.

Dans le premier cas, elle sera bien obligée de dire qu'il s'agit d'une *composition par égalité de rapports*, en sorte que :

Le produit (P) est au multiplicande (M) comme le multiplicateur (m) est à l'unité (1) :

$$P : M :: m : 1.$$

Mais alors, l'élève objectera que l'on s'appuie sur la *division*, et que, par conséquent, on va de *l'inconnu à l'inconnu*, tandis qu'on devrait aller *du connu à l'inconnu*.

Poussée jusque dans ses derniers retranchements, la maîtresse sera bien obligée d'avouer qu'elle a fait une *pétition de principe*, c'est-à-dire une des fautes de logique les plus graves, à moins cependant que, pour se tirer d'affaire (ce serait là un triste moyen), elle ne dise : « *Que voulez-vous, c'est comme cela dans le livre !* »

Ce n'est pas tout : son livre à la main, elle ajoute : « Voici une seconde définition différente de la première. *Multiplier un nombre par un autre, c'est répéter...;* mais alors lui dira-t-on : La première n'est donc pas suffisante, n'est donc pas générale, et vous avez commencé par nous dire qu'elle l'était. » Cruel embarras !....

Voilà ce qui arrive quand, voulant faire de la science mal à propos, on a la prétention d'aller *du général au particulier, du composé au simple,* alors que la *Nature,* notre première institutrice, nous conseille d'aller *du petit au grand, du particulier au général, du simple au composé.*

Combien de fois faudra-t-il répéter *qu'une définition est d'autant plus difficile à comprendre qu'elle est plus générale ?*

En voulez-vous un exemple frappant ? Le voici.

Un professeur de mathématiques spéciales qui, chaque année, en province, faisait recevoir des élèves à l'école polytechnique, s'exprime ainsi dans son *Traité d'algèbre,* au chapitre de la multiplication :

« Pour avoir le produit de la multiplication de deux quantités quelles qu'elles soient, *faites subir au multiplicande les mêmes opérations qu'il a fallu faire subir à l'unité, pour avoir le multiplicateur. »*

Guidé par cette définition, j'obtiens le tableau des opérations suivantes, en observant préalablement que 2 est la même chose que $\sqrt{4}$:

$$\begin{cases} 25 \times 2 = 50, \\ 25 \times \sqrt{4} = \sqrt{25 \times 4} = \sqrt{100} = 10. \end{cases}$$

Or, (axiome) *deux quantités séparément égales à une troisième sont égales entre elles* ; donc,

$$10 = 50.$$

Mais (axiome), *si de quantités égales, on retranche des quantités égales, les restes sont égaux* ; donc,

$$40 - 10 = 50 - 10,$$
$$\text{ou} \quad 0 = 40.$$

Cette absurdité finale tient à ce que la définition, prétendue générale, a fait écrire $\sqrt{25 \times 4}$. En effet, pour avoir $\sqrt{4}$, il a fallu 1° répéter l'unité 4 fois ; 2° extraire la racine carrée du résultat ; en conséquence, 1° il a fallu répéter 25 quatre fois (4 fois 25 font 100) ; puis, 2° ex-

traire la racine carrée de 100 ($\sqrt{100} = 10$) ;
par suite $40 = 0$, ou $0 = 40$.

Mais la règle, que l'on démontre en *algèbre*,
exige que l'on écrive :

$$25 \times \sqrt{4} = \sqrt{(25)^2 \times 4} = 50,$$

et alors, les deux calculs s'accordent[1].

Eh bien, j'en appelle au lecteur. Si un bon
mathématicien a pu se tromper au point de
croire que sa définition avait tout le degré de
généralité désirable, que dirons-nous d'une
sous-maîtresse (en général peu habituée aux
mathématiques), qui joue avec les généralités,
comme l'enfant imprudent joue avec un instru-
ment dangereux ?

Je reviens au n° 5, et je dis : la définition

---

1. La définition vraiment générale :

$$P : M :: m : 1$$

n' n'induirait pas en erreur. En effet,

$$P : 25 :: \sqrt{4} : 1$$
$$P : 25 :: 2 : 1$$

d'où

$$P = \frac{25 \times 2}{1} = 50.$$

telle qu'elle est énoncée, n'est qu'une *proportion géométrique dissimulée*[1].

Il en est de même lorsqu'on dit que : le produit est *à l'égard* du multiplicande comme le multiplicateur est *à l'égard* de l'unité ; l'expression *à l'égard* est polie, oui ; mais est-elle mathématique ? Non.

Adoptant la méthode rationnelle consistant à aller *du particulier au général*, employez le mot *répéter* au lieu du mot *composer*. Guidée par les idées mères de la science, ne voyez d'abord dans la multiplication qu'une *addition abrégée* ; c'est à ce titre qu'elle s'est introduite dans le calcul ; c'est là, si l'on peut s'exprimer ainsi, son *acte de naissance* ; puis plus tard, quand se présentera la multiplication d'un nombre par une fraction, $\frac{3}{4}$ par exemple, faites comprendre aux élèves la nécessité de donner une plus grande extension au mot *multiplier*. Employez même le mot *composer*, parce qu'alors vous pourrez le justifier.

Mais de grâce, pas d'anticipations.

---

1. Et la *dissimulation* est toujours une mauvaise chose, en mathématiques comme ailleurs.

Poussons plus loin cette discussion pédagogique, qu'il s'agisse d'enseignement *primaire* ou d'enseignement *secondaire*.

Les deux systèmes en présence sont :

1° *Aller du particulier au général;*

2° *Aller du général au particulier.*

Je sais que les partisans du second système, invoquent, à leur profit, une parole prononcée par *Laplace* :

Préférez les méthodes générales aux méthodes particulières......

Mais, à qui s'adressait ce savant géomètre, presque étranger à l'enseignement dans lequel excellèrent plus tard, Bezout, Lacroix....? Oui, à qui s'adressait-il? à des jeunes gens d'un esprit cultivé, et déjà forts en mathématiques, à des élèves de l'École normale supérieure.

Le témoignage de Laplace est donc ici sans valeur, alors surtout qu'il s'agit d'un enseignement purement élémentaire.

Quant à moi qui ne suis pas un savant, mais qui ai beaucoup professé et surtout beaucoup interrogé dans les divers concours et examens, je ne cesserai de recommander le précepte suivant à ceux qui débutent dans la rude et laborieuse carrière du professorat :

Allez du simple au composé, du particulier au général, du facile au difficile.

Cette méthode, je l'ai constamment mise en pratique, aussi bien en mathématiques élémentaires qu'en mathématiques spéciales, et je m'en suis toujours très-bien trouvé. Aussi, n'avais-je dans ma classe ni *cancres*[1], ni *fruits secs*. À coup sûr, mes élèves ne possédaient pas tous le cours au même degré ; mais tous savaient quelque chose ; aucun d'eux n'avait été sacrifié. La différence de leurs intelligences ne se manifestait guère que lorsque nous abordions (le plus tard possible), les questions longues, difficiles, épineuses, en un mot les *généralités.*

Cette méthode, je l'ai également suivie, dans les divers ouvrages que j'ai publiés, ce qui, pour *l'enseignement secondaire,* m'a valu de la part de quelques honorables confrères de l'Université,

---

1. Mot français qui signifie mauvais élève.

un reproche assez singulier, que je voudrais bien mériter.

« Vos livres (*Arithmétique*, *Algèbre*, *Trigonométrie....*) sont tellement faciles pour l'étude, que vous annulez le professeur. » Si mes ouvrages sont faciles pour les élèves, je m'en réjouis, surtout pour eux. Mais, de cette *facilité* que l'on m'impute mal à propos, à la *suppression* du professeur parce que, dit-on, je suis moi-même le professeur, la plume à la main, il y a une distance considérable ; il y a *tout un diamètre de la terre*, comme dirait un astronome[1].

---

1. La méthode synthétique *du simple au composé, du connu à l'inconnu*, réussit très-bien en *géographie*, ainsi que l'enseigne, dans le *Manuel général*, mon savant collègue et ami, M. Brouard. Ainsi pour Paris, on étudiera successivement son *quartier*, son *arrondissement municipal* : les autres quartiers et autres arrondissements ; les deux sous-préfectures. Après le département de la Seine, viendront le département de Seine-et-Oise et, de proche en proche, les autres départements, dont l'ensemble forme la France ; viendront enfin ses *colonies*. À la géographie *locale*, à la géographie de son pays, succédera la géographie des pays étrangers, du globe entier, et cela, en ayant la carte sous les yeux, en s'exerçant à faire des *tracés géographiques*, comme, en géométrie, on fait des *tracés géométriques*. Quant aux *définitions*, ne les donnez qu'au fur et à mesure qu'elles sont nécessaires, et non en prolégomènes à apprendre par cœur.

Encore un point à traiter.

Des professeurs *dictent leur cours*.

À cet égard, je suis heureux de faire intervenir dans le débat, le témoignage du savant géomètre qui inaugura à la Sorbonne la chaire de *Mécanique physique et expérimentale*.

« Le professeur qui professe le mieux est celui qui professe le moins. Malheureusement, un professeur de Faculté ne peut mettre ce précepte en pratique, parce qu'il s'adresse à des auditeurs plutôt qu'à des élèves. Mais, pour l'enseignement secondaire, il en est autrement. Adoptez un ouvrage, celui qui vous paraîtra le meilleur. Que cet ouvrage soit votre guide et celui de vos élèves. À la fin de chaque leçon, dites-leur de préparer de tel à tel numéro ; cette *préparation* sera bonne surtout pour ceux qui ont l'esprit lent, qui comprennent difficilement ce qu'ils entendent pour la première fois ; envoyez-les à tour de rôle au tableau ; faites leur faire la leçon le plus possible. De cette façon, sous votre direction incessante, vous les obligerez à parler, à expliquer, à calculer. Ne les écrasez pas de rédactions. Quant à vous, n'occupez le tableau que pour les grandes théories et pour les questions vraiment difficiles. Ne vous laissez pas entraîner à cette espèce de vanité qui consiste à se faire orateur en transformant une chaire en tribune. En agissant ainsi, vous vous exerceriez personnellement à l'art de la parole, mais au préjudice de vos élèves. »

L'homme de bien qui me tenait ce langage, était le professeur *Poncelet*, membre de l'Institut, pour la mémoire duquel j'ai conservé un reconnaissant souvenir, tant pour son admirable enseignement que pour son excessive bienveillance[1].

Avant de passer à la 4ᵉ règle, à la *division*, je ne puis passer sous silence l'emploi d'une mauvaise locution d'après laquelle un nombre est *multiplié* par dix quand on *ajoute* un zéro à ce nombre.

---

1. Je consacre une notice particulière à mon ancien maître dans le 3ᵉ volume des *Célébrités militaires de la France*, aux trois grandes époques de son histoire.

Le général Poncelet fut appelé en 1848 au commandement de l'École polytechnique, dont il avait été un des meilleurs élèves.

Comme, en arithmétique, *ajouter* ne signifie qu'*additionner*, on aurait :

$$7 + 0 = 7 \times 10$$

ou

$$7 = 70.$$

N'allez pas croire que ce soit là une question spécieuse, une subtilité, une chicane d'examen, non. Plus vous interrogerez les élèves, et plus vous reconnaîtrez que leur faiblesse tient surtout à ce que le *caractère* propre de chacune des *quatre règles*, ne leur est pas suffisamment connu.

Ne leur laissez donc pas confondre les mots consacrés à l'*addition*, avec les mots consacrés à la *multiplication*.

Ne leur laissez pas confondre les mots consacrés à la *soustraction*, avec les mots consacrés à la *division* [1].

---

1. Combien d'élèves font la faute provenant de la simplification d'une fraction :

$$x = \frac{3 \times 7}{3 \times 11}.$$

Quand le chiffre 3 a été barré haut et bas, demandez par

(E) DIVISION.

6. *Le quotient varie en raison directe du dividende, et en raison inverse du diviseur.*

La jeune fille qui dans un examen, a l'impru-

---

quel nombre il a été remplacé ; presque toujours il vous
sera répondu : par un *zéro :* et alors l'élève imprudente fera
implicitement intervenir les divisions suivantes :

$$\begin{array}{c|c} 0 & 0 \\ \hline \end{array} \qquad \begin{array}{c|c} 0 & 4 \\ \hline \end{array} \qquad \begin{array}{c|c} 4 & 0 \\ \hline \end{array}$$

Dans le dernier exemple, on ne manque jamais de dire que
le quotient est 0, en sorte que l'on aurait $0 \times 0 = 4$, ou
$0 = 4$. Voilà ce qui arrive quand on confond $3 - 3$ avec
$3 : 3$; demandez la *moitié* du *tiers :* on vous dira : le *cin-
quième*, comme si $2 + 3$ était égal à 2×3. Que dirons-
nous du *carré* confondu avec le *double* ; du *cube* confondu
avec le *triple ?* Toutes ces erreurs s'engendrent les unes
les autres : la confusion des mots entraîne la confusion
des idées, et vice versa. Malheur donc à ceux qui n'ont pas
des idées très-nettes sur les mots corrélatifs *ajouter* et
multiplier ; *soustraire* et *diviser*.

C'est surtout en algèbre que se produisent les fautes
provenant d'un mauvais enseignement de l'arithmétique.

Lagrange a dit : « L'arithmétique et la géométrie sont
les deux ailes des mathématiques. » C'est une parole pro-
fonde à méditer.

dence de s'appuyer sur cette proposition à double sens, soulève douze questions, et ne répond à aucune. Les voici :

1. Définissez le mot *raison*. (*Nescit.*)

2. Y a-t-il *raison* directe entre deux nombres par cela seul que, l'un augmentant, l'autre augmente; l'un diminuant, l'autre diminue?
Rép. oui. (Faux).

3. Y a-t-il *raison inverse* entre deux nombres par cela seul que, l'un augmentant, l'autre diminue; l'un diminuant, l'autre augmente?
Rép. oui. (Faux).

4. Y a-t-il *raison directe* entre le plus grand des deux nombres d'une soustraction et leur différence?
Rép. oui. (Faux).

5. Y a-t-il *raison inverse* entre le plus petit des deux nombres d'une soustraction et leur différence?
Rép. oui. (Faux).

6. Augmente-t-on *toujours* le quotient, quand, sans toucher au diviseur, on augmente le dividende ?

Rép. oui. (Faux).

7. Double-t-on *toujours* le quotient quand, sans toucher au diviseur, on double le dividende ?

Rép. oui. (Faux).

8. Augmente-t-on *toujours* le quotient, quand, sans toucher au dividende, on diminue le diviseur ?

Rép. oui. (Faux).

9. Diminue-t-on *toujours* le quotient quand, sans toucher au dividende, on augmente le diviseur ?

Rép. oui. (Faux).

10 Double-t-on *toujours* le quotient, quand, sans toucher au dividende, on prend la moitié du diviseur ?

Rép. oui. (Faux)

11. Prend-on *toujours* la moitié du quotient quand, sans toucher au dividende, on double le diviseur?

Rép. Oui. (Faux).

12. Quand on double le dividende et le diviseur le quotient ne change pas; mais le reste, s'il y en a un, que devient-il? (Nescit.)

Voilà ce qui arrive quand on emploie des mots sans les définir, sans en comprendre le sens. C'est le cas du terme technique, *raison* qui n'est guère en usage que dans la *théorie des progressions*, arithmétiques ou géométriques.

Voilà ce qui arrive quand on définit la *raison directe ou inverse*, sans faire intervenir l'idée de *rapport*, base des mathématiques; idée qui, presque toujours, fait défaut aux élèves.

Voilà ce qui arrive quand, dans ce genre de propositions, on n'a pas soin de distinguer les deux sortes de quotients :

1° Le quotient *complet*, comme dans la division de 24 par 6 :

$$\begin{array}{c|c} 24 & 6 \\ \hline 0 & 4 \end{array}$$

2° Le quotient *complété*, comme dans la division de 29 par 6 :

$$\begin{array}{c|c} 29 & 6 \\ 5 & \overline{4 + \dfrac{5}{6}} \end{array}$$

Puis, où veut-on en venir avec la proposition du n° 6, que l'on devrait énoncer ainsi :

Le quotient *complet* ou *complété* de la division de deux nombres varie en raison directe du dividende et en raison inverse du diviseur[1]. Oui, où veut-on en venir ? à démontrer la règle *surannée* de la division des nombres décimaux, d'après laquelle on ramène tous les cas à celui où *le dividende et le diviseur ont le même nombre de chiffres décimaux* :

Exemple : $\begin{array}{c|c} 0,75 & 0,27 \\ & \end{array}$

Voici comment on raisonne, en vue de remplacer cette division par la suivante :

$$\begin{array}{c|c} 75 & 27 \\ & \end{array}$$

---

1. Dans mon Traité d'arithmétique, je ne me sers pas de cette proposition. Quant au mot *raison*, je ne l'emploie qu'aux *règles de trois*.

« 1° Par la suppression de la virgule[1] au dividende, on rend le quotient (lequel?) 100 fois trop grand. Le prouve-t-on? non; 2° par la suppression de la virgule au diviseur, on rend le quotient 100 fois trop petit (on ne le prouve pas); donc le quotient n'a pas changé; ainsi, la question est ramenée à diviser 75 par 27. c. q. f. d.

Mais cette démonstration est illusoire, puisque l'on n'est pas en état de prouver les deux principes sur lesquels on s'appuie. C'est comme cela que l'on fait croire aux élèves qu'ils savent plus qu'ils ne savent en réalité.

Ce n'est pas tout : A quel calcul conduit la dite règle pour l'exemple suivant :

$$3{,}14159260 \mid 0{,}2$$

A écrire 6 zéros au diviseur; à supprimer les virgules, et à effectuer la division suivante ;

$$314159260 \mid 2000000$$

---

1. N'employez pas le *point décimal*; l'inventeur a adopté la virgule (,).

Et *comme les choses ne se jugent bien que par comparaison,* mettez en parallèle la division précédente et la suivante :

$$31,415926 \mid \underline{2}$$

celle-ci provenant de l'application d'une règle facile à *démontrer* et facile à *exécuter*.

Le raisonnement de la multiplication des nombres décimaux, basé sur la suppression des deux virgules, n'est pas plus heureux.

$$\begin{array}{r} 0,27 \\ 0,32 \\ \hline \end{array}$$

d'autant plus qu'ici, une *objection* s'impose d'elle-même.

1° Le produit cherché est 100 fois trop grand, par suite de la suppression de la virgule au *multiplicande*.

2° Le même produit est 100 fois trop grand, par suite de la suppression de la virgule au *multiplicateur*.

En conséquence, le produit 27×32 est 10000 fois trop grand.

Il faut donc, après avoir multiplié les deux nombres comme s'ils étaient *entiers*, séparer sur la droite du produit autant de chiffres qu'il y avait de chiffres décimaux dans les deux facteurs.

Ce raisonnement, facile en apparence, est au fond très-compliqué. Il soulève trois questions auxquelles il est difficile de répondre :

1° Pourquoi le produit est-il 100 fois trop grand parce que le multiplicande est cent fois trop grand ? Comment le prouvez-vous pour des nombres *fractionnaires ?*

2° Pourquoi le produit est-il 100 fois trop grand parce que le *multiplicateur* est cent fois trop grand ? Comment le prouvez-vous ?

3° Pourquoi le produit n'est-il pas 100 fois, plus 100 fois, ou 200 fois trop grand, auquel cas il faudrait diviser 27×31 par 200, et non par 10000 ?

Pour répondre à cette troisième objection, il faut avoir recours à un *produit auxiliaire.*

D'après ce qui précède, qui ne voit que deux arithmétiques marchent parallèlement :

Dans l'une, on a l'air de démontrer et l'on ne démontre pas : c'est la mémoire et rien que la mémoire.

Dans l'autre, au contraire, on démontre rigoureusement ce que l'on dit, et cela, *en prenant les démonstrations sur le fait*, et non en échafaudant des *théorèmes*, comme en géométrie : c'est le *jugement* et la *mémoire*.

Maintenant, que peut être le reste d'une arithmétique basée sur une mauvaise *numération*?[1] d'une arithmétique basée sur les *quatre règles* mal exposées et mal comprises? Mais, c'est comme si on posait cette question : « Que devient une maison dont les fondations ne sont pas solides? » Un coup de vent suffit pour la renverser. Il en est de même de l'Arithmétique. Ici le coup de vent, c'est la plus petite objection faite à l'élève.

Voici quelques-unes des erreurs qui, à proprement parler, ne sont que les corollaires de la première partie que nous venons d'analyser.

---

1. On a bien de la peine à obtenir de bonnes réponses sur la distinction à faire entre les *ordres* et les *tranches*.

1. Un nombre *premier* est un nombre qui n'est divisible que par lui-même *ou* par l'unité. (Faux : c'est *et*, et non *ou*.)

2. Simplifier une fraction, c'est la réduire à sa plus simple expression. (Oui et non) :

$$\left(\frac{6}{8} = \frac{3}{4} ; \frac{48}{48} = \frac{9}{24}.\right)$$

3. Une fraction ne change pas de valeur quand on divise ses deux termes par un même nombre ; elle ne change que de *forme* et d'expression.

Comprenne qui pourra la *forme d'une fraction !* L'arithmétique n'admet pas de métaphore. Revenant à la *numération écrite*, dites :

Une fraction change *d'écriture* et non de *valeur*, quand on divise ses deux termes par un même nombre.

Mais, une fraction change *d'écriture* et de *valeur* quand on diminue ses deux termes d'un même nombre.

Il y en a qui prétendent que, en mathéma-

tiques, on est dispensé de parler et d'écrirecor-
rectement. Quelle erreur! Quel enseignement!
Quels élèves! Aussi confond-on, à chaque
instant, la *division d'une fraction par un nombre* avec la *division de ses deux termes* par le
même nombre.

4. L'*are* est un carré qui a 10 mètres de
côté *et cent mètres carrés de superficie* (6 mots
de trop : ceux qui sont en italique).

5. Le *titre* d'un alliage est le *poids* de l'or ou
de l'argent pur contenu dans cet alliage. (Il
manque 5 mots : *par rapport au poids total*[1].

6. Le *gramme* est le poids d'un centimètre
cube d'eau *pesé dans le vide....* (On a pesé l'ap-
pareil dans l'air et dans l'eau, mais pas dans
le vide.)

7. Sans les *neiges* au pôle, on eût mesuré les
90° du pôle à l'équateur pour calculer la longueur du mètre. (Ceci est par trop plaisant....)

---

[1]. Le franc serait au titre de 4^{gr},175, tandis qu'il est au
titre de 4^{gr},175 : 5 ^{gr} = 0,835.

8. La distance en myriamètres du pôle à l'équateur est exprimée par 40 000 000 de mètres divisés par 10000; c'est-à-dire par 4000 mètres, ou par 4 kilomètres; en sorte que, à pied, on ferait en une heure de temps le tour du monde. Avis aux partisans des nombres concrets !...

9. Pour calculer la longueur du mètre, on a mesuré l'arc du méridien compris entre Dunkerque et l'île de *Formentera*.

Pour relever cette faute, je ferai rapidement l'histoire du mètre[1].

---

1. Extrait de ma *Conférence sur le mètre*. Salle Gerson (Sorbonne), et ailleurs.

EXPLICATIONS

Les résultats des travaux de la *grande Commission* internationale du système métrique (ayant pour base la mesure de *l'arc français* de Dunkerque à Barcelone par Delambre et Méchain), furent présentés au Corps législatif, le 4 messidor an VII (22 juin 1799). Ce fut dans cette séance solennelle que les étalons du *mètre* et du *kilogramme* furent déposés tous deux à la barre de l'Assemblée par Van Swinden, président de ladite Commission, et qu'ils furent déclarés *étalons légaux*.

Primitivement, on avait désiré prolonger la mesure de l'arc français jusqu'à l'île de Formentera, parce que cet arc eût été coupé en deux parties égales par le parallèle de 45°, et qu'alors l'erreur commise sur *l'aplatissement de la terre* (élément alors mal connu), n'aurait exercé qu'une influence minime et tout à fait insignifiante sur le calcul du quart du méridien conclu de l'arc français ainsi prolongé.

Mais, les circonstances s'opposèrent à ce projet : il fallut s'arrêter à Barcelone, et se contenter des $9°\frac{2}{3}$ compris entre cette ville et Dunkerque.

Ce ne fut que *huit ans après l'établissement légal du système métrique* que fut reprise cette question scientifique. A cet effet, en 1807, le *Bureau des Longitudes* décida que la continuation primitivement décidée jusqu'à l'île de Formentera (la dernière des îles Baléares), serait confiée à MM. *Biot* et *Arago;* mais il fut bien entendu que cette opération ne pouvait avoir qu'un but :

Compléter et vérifier les mesures antérieures, et non revenir sur l'établissement du système métrique, ce qui, d'ailleurs, ne pouvait venir à l'idée de personne.

L'opération commencée en automne 1807,

fut achevée au printemps de 1808. Les calculs de ce petit arc de 3°, de peu d'importance au fond, s'accordèrent bien avec les résultats obtenus 8 ou 10 ans avant, au moyen de l'arc français. Cette espèce de vérification fort insignifiante aujourd'hui, causa un certain plaisir à l'époque dont nous parlons, mais elle ne pouvait, en aucune façon, influer sur ce qui avait été établi longtemps auparavant et consacré par la loi.

Beaucoup de gens, par malheur, crurent que cet arc avait concouru à l'établissement du mètre, et, comme 30 ans plus tard, il fut reconnu que le calcul de la petite triangulation en question, était entaché d'une erreur, on cria bien haut et bien fort que le mètre avait été mal calculé. On voit d'où vient la méprise; la cause est toujours la même : comme les nombres, les dates, etc., sont traités beaucoup trop à la légère (Jacob, Verdun, Brétigny, etc., etc.), on a confondu 1799 avec 1808, et des auteurs malencontreux ont reproduit la faute. Il est donc bien entendu que Formentera n'est pour rien dans la définition *légale* du mètre, définition qui pourrait être formulée ainsi :

Le mètre est la longueur comprise entre les deux bouts de l'étalon en platine déposé aux Archives nationales.

Il est bon d'ajouter, à titre de renseignement précieux, que cette longueur est :

à moins de deux dixièmes de millimètre,

la dix-millionième partie du quart du méridien de la terre considérée comme un ellipsoïde de révolution aplati.

De nouvelles mesures d'arcs de méridien qui sont en cours d'exécution, feront peut-être varier encore cette appréciation (je parle des 0,2 de millimètre), ce qui montre la petitesse de l'incertitude de la longueur du mètre défini par ces mots : *dix-millionième* partie du quart du méridien.

La nouvelle *Commission internationale* réunie à Paris en 1872, pour l'adoption définitive du *mètre*, a eu bien soin de proclamer qu'elle en adoptait la définition légale, et que ses opérations n'auraient d'autre but que de livrer aux diverses nations une copie aussi exacte que possible de l'étalon prototype de 1799.

Ladite Commission s'est contentée de substituer à la *règle à bout* (dont il faut sans cesse, dans les comparaisons, palper les extrémités), la *règle à trait*, mais d'*égale longueur*[1].

Remarque. On s'étonnera peut-être de ce que nous ayons passé sous silence les *problèmes fantaisistes*, plus ou moins faux, plus ou moins ridicules, parmi lesquels brille au premier rang, celui des :

Dents arrachées.

Mais, comme fort heureusement, ces singu-

---

1. Le *Journal officiel* du 24 décembre 1875 a publié un décret du Président de la République ratifiant la convention entre dix-sept Puissances pour la *création d'un bureau international des poids et mesures* scientifique et permanent dont le siège est à Paris. Le but est d'assurer l'unification internationale et le perfectionnement du système métrique. Les dispositions arrêtées par les parties contractantes, sont au nombre de 14. Le règlement est en 26 articles.

Le problème de la souveraineté du *mètre*, d'un pôle à l'autre, est donc aujourd'hui résolu à la grande satisfaction des savants et de ceux qui, par les relations dont nous parlons, appellent de tous leurs vœux l'ère d'une paix universelle.

Quant à la *Déclaration monétaire* entre la France, la Grèce, l'Italie et la Suisse, elle se perfectionne et se consolide de plus en plus.

lières *applications de l'arithmétique*, n'ont plus cours dans les examens, nous n'avons pas cru devoir en ennuyer le lecteur.

VII

CONCLUSION

Nous voudrions avoir tout dit. Nous voudrions avoir fait passer successivement sous les yeux du lecteur (comme dans une espèce de panorama) le *Tableau complet* des fautes qui sont comme inoculées dans l'enseignement. Malheureusement, nous n'avons fait qu'ébaucher le sujet.

Ainsi, nous avons passé sous silence une épreuve très-importante pour l'admissibilité à l'examen oral : l'épreuve de la *composition écrite* comprenant une *théorie* à développer et un *problème* à raisonner. Pas de méthode pour l'un comme pour l'autre ! Style incorrect ! etc.

En résumé, quelle faiblesse en *arithmétique !* et cependant, concurremment avec la *grammaire*, c'est le *cours de logique* des demoiselles desquelles on ne peut, à coup sûr, exiger l'*Histoire de France* au point de vue philosophique et encore moins *politique* (même observation pour la *géographie*).

Avec la grammaire et l'arithmétique, au contraire, il faut réfléchir, raisonner, mettre bout à bout des idées pour être en état de donner de bonnes *définitions*, de bonnes démonstrations des *règles pratiques*, et répondre aux *objections* qu'elles peuvent soulever. Voilà, je le répète, leur véritable gymnastique de l'esprit avec la mémoire pour auxiliaire[1].

---

1. Il n'est pas hors de propos d'insister sur ce que l'*arithmétique est plus facile que la grammaire*, par le fait seul que ses règles pratiques sont d'une *généralité absolue*, tandis que celles de la grammaire n'ont qu'une *généralité relative* puisque la plupart de ces règles, dites générales, sont presque toujours soumises à plus ou moins d'exceptions.

Il y a plus : en arithmétique, tout le monde accepte les *quatre règles*, tandis qu'en grammaire, tout le monde n'accepte pas les *dix parties* du discours (des auteurs fort estimés en diminuent le nombre), en sorte que, dès le début, il y a désaccord. Puis, voyez avec quelle difficulté les grammairiens donnent la définition du *verbe*, qui est, sans contredit, l'espèce de mot la plus importante. C'est, qu'en effet, le verbe, comme son étymologie l'indique, est le mot qui joue le principal rôle dans l'expression de la pensée, qui

En vérité, on est saisi d'un sentiment pénible, douloureux, quand, à la fin de chaque session d'examen, on entend répéter sur un ton lamentable les quatre mots : « *Dieu, que c'est faible !* » et ici, nous ne parlons pas seulement de l'arithmétique.

Quelle peut être la cause de cette faiblesse ?

Est-ce la *bonne volonté* qui manque à ces jeunes filles ? Non : elles sont ardentes au travail ; elles ont ce qu'on appelle le *feu sacré*, au risque de compromettre leur santé.

Est-ce l'*intelligence* qui leur fait défaut ? Pas davantage.

___

donne le mouvement et la vie au discours. Or, chaque auteur le définit d'une manière différente, selon le point de vue sous lequel il le considère. En arithmétique, rien de semblable. Les mots techniques *additionner, soustraire, multiplier, diviser,* s'expliquent, c'est-à-dire se définissent simplement, naturellement par des mots équivalents empruntés au langage ordinaire : *ajouter, retrancher* (ôter), *répéter, diviser.* Toutefois, n'exagérons rien. Je sais que la rectitude des chiffres n'entraîne pas toujours la rectitude des idées. Je sais que l'on peut être un bon mathématicien et ne pas avoir le sens commun ; je ne suis pas non plus de ceux qui prétendent que les mathématiques redressent les esprits faux. Non, les mathématiques ne font pas de ces cures merveilleuses ; mais elles sont aujourd'hui si utiles, si nécessaires, si indispensables, qu'il faut les étudier et les bien étudier.

Est-ce que les examens subis presque en public, ne remplissent pas leur double but : celui de juger l'élève et de relever tout haut les erreurs commises, et cela au profit des études? Mais ces deux choses sont faites avec une conscience qui n'a jamais été suspectée.

Est-ce que l'administration préfectorale de la Seine est indifférente? Est-ce que dans la mesure de ses moyens et de ses attributions, elle ne prend pas toutes les mesures qui peuvent être favorables aux études? A cet égard, sa sollicitude est bien connue.

Qui ne sait d'ailleurs qu'il y a là un organisateur, un administrateur du premier ordre, auteur d'un *Mémoire*, véritable monument scolaire; un homme qui, grâce à sa prodigieuse activité, a le rare mérite de faire marcher de front et avec un égal succès, les diverses parties du lourd service qui lui est confié[1].

---

1. Puisque les *professions de foi* abondent, au moment où j'écris ces lignes, on me permettra bien de dire qu'en parlant comme je viens de le faire, de mon *supérieur hiérarchique*, je ne cours pas la chance d'être accusé de flatterie. Les personnes qui me connaissent, savent à quoi s'en tenir à cet égard. Mais, je suis de ceux qui pensent, qu'il est du

Mais alors quelle est donc cette *force d'inertie* qui barre ainsi le passage à la vérité, au point de presque tout paralyser?

Cette force, cette puissance, je l'ai déjà dit, c'est la *routine* par laquelle « *on préfère une mauvaise manière de faire à une facile manière d'apprendre.* »

C'est donc cette routine, qu'il faut combattre à outrance. Loin de nous endormir et de nous décourager, redoublons d'efforts pour faire triompher les bonnes méthodes. Ne perdons pas de vue qu'il s'agit ici de la *jeunesse*, c'est-à-dire de l'espoir, de la fortune de la France.

Et *puisque aux grands maux, il faut les grands remèdes,* » pourquoi, à l'avenir, l'année scolaire achevée, ne dresserait-on pas dans le *Bulletin officiel de l'instruction primaire,* la liste générale des fautes qui auraient été reconnues communes à la plupart des élèves, dans les nombreux exa-

---

devoir d'un honnête homme de reconnaître ouvertement ce qui est bien, et d'y applaudir. Je n'aime pas les frondeurs universels qui, de parti pris, ne trouvent rien de bien, rien de bon, excepté ce qu'ils font.... quand encore ils font quelque chose. Le dénigrement est une des plaies de notre époque.

mens ou concours dont le siége est à la Préfecture de la Seine?

Cette œuvre collective, affranchie de tout intérêt personnel, ne serait-elle pas le remède placé à côté du mal? Cela vaut, je crois, la peine qu'on y réfléchisse.

Quelques personnes trouveront peut-être, mais à tort, que j'ai mis trop d'ombres dans le tableau; peut-être même, me jettera-t-on la pierre. Que m'importe! il y a des injures qui honorent ceux qui les reçoivent; puis, on tombe glorieusement, quand on succombe en faisant son devoir.

Un dernier mot. A quelle école appartiennent ceux qui enseignent l'arithmétique à laquelle le procès a été fait les pièces de conviction à la main? Je l'ignore; je ne désire même pas la connaître.

Quant à mon école à moi (en fait de mathématiques), c'est celle de *Descartes*[1] et de *Pas-*

---

1. Auteur du *Discours sur la méthode*, petit livre que, élève de philosophie, je savais par cœur. Je n'ai jamais oublié cette phrase :

« *Ne rien admettre en sa croyance, dont on ne puisse, par soi-même, vérifier la vérité et l'exactitude.* »

Descartes, né en 1596, est mort en 1650.

cal [1], et c'est la bonne. Aussi, dirai-je, par imitation d'une parole militaire héroïque bien connue :

J'y suis; j'y reste.

---

1. L'auteur des *Maximes et pensées*, ouvrage renfermant d'excellents conseils pédagogiques.

Pascal, né en 1623, est mort en 1662.

FIN.

TABLEAU SPÉCIMEN DES ERREURS SCOLAIRES

Ce que l'on dit (ou ce que l'on écrit)	Ce que l'on devrait dire (ou écrire)
1. Jacob épousa Rachel après avoir servi Laban pendant quatorze ans.	Jacob épousa Rachel après avoir servi Laban pendant sept ans et une semaine de jours.
2. La grammaire est l'art de parler et d'écrire correctement.	La grammaire est la science du langage.
3. Le nom *propre* est celui qui ne convient qu'à une seule personne ou à une seule chose.	Le nom propre est celui qui n'est appliqué par celui qui parle qu'à un seul individu.
4. Le pronom est un mot qui tient la place du nom.	Le pronom est un mot qui, le plus ordinairement, tient la place du nom.
5. Le verbe *actif* est celui après lequel on peut mettre quelqu'un ou quelque chose.	Le verbe actif est celui qui a un complément direct. (Mais dites d'abord ce qu'on appelle *complément direct*.)
6. Il faudrait que vous veniez.	Il faudrait que vous vinssiez.
7. A corps et à cris.	A cor et à cri. (La faute grave est d'écrire *corps*.)
8. C'est là où je demeure;	C'est là *que* je demeure;
9. C'est là où je veux aller.	C'est là *que* je veux aller.
10. Le Traité de Verdun-sur-la-Meuse.	Le Traité de Verdun-sur-la-Saône.
11. Le Traité de Bretigny Seine-et-Oise.	Le Traité de Bretigny Eure-et-Loir.
12. La Chauve-souris est un oiseau.	La chauve-souris est un mammifère de l'ordre des chéiroptères.
13. La Baleine est un poisson.	La baleine est un mammifère cétacé.
14. L'Écrevisse est un poisson.	L'écrevisse est un crustacé.
15. La Salamandre est incombustible et possède la faculté d'éteindre le feu.	La salamandre est un reptile combustible qui ne possède pas la propriété d'éteindre le feu.
16. La Salamandre est venimeuse.	La salamandre n'est pas venimeuse.
17. La Vipère pique.	La vipère mord.
18. La Vipère est vivipare.	La vipère est ovo-vivipare.
19. La langue de la Vipère lance le venin.	La langue de la vipère ne lance pas le venin.
20. L'Abeille, dite mouche à miel, a deux ailes.	L'abeille en a quatre, elle est tétraptère et non diptère.
21. Le Pélican se déchire le flanc pour faire boire son à sa couvée.	Le pélican ne se déchire pas le flanc et ne fait pas boire son sang à sa couvée.
22. La bave du Crapaud est venimeuse.	La bave du crapaud n'est pas venimeuse.
23. Le souffle et le regard du Crapaud sont dangereux.	Le souffle et le regard du crapaud ne sont pas dangereux.
24. « Tuons le Crapaud! »	Ne tuons pas le crapaud.
25. Le Cygne *chante* mélodieusement en mourant.	Le cygne ne chante pas mélodieusement en mourant.
26. Le Chevreuil *pleure* en mourant.	Le chevreuil ne pleure pas en mourant.
27. Le Forficule est un insecte qui *perce l'oreille*.	Le forficule n'est pas un perce-oreille.

Ce que l'on dit (ou ce que l'on écrit)	Ce que l'on devrait dire (ou écrire)
28. Le *Ténia* est un ver solitaire.	Le *ténia* n'est pas un ver solitaire, car il ne vit pas seul.
29. L'Âne est un animal *stupide*.	L'âne n'est pas un animal stupide.
30. L'Oie est *bête*.	L'oie n'est pas bête.
31. La Pomme de terre est une racine.	La pomme de terre est une branche souterraine : c'est un tubercule.
32. Le Bugle et la Sanicle ont de grandes propriétés médicinales : elles peuvent arrêter les hémorragies.	Le bugle et la sanicle n'ont pas de grandes propriétés médicinales : elles n'arrêtent pas les hémorragies.
33. La lune d'avril ou de mai est nuisible aux végétaux.	La lune d'avril ou de mai n'est pas nuisible aux végétaux : c'est à tort que l'on dit : *lune rousse*.
34. La Lune mange les pierres.	La lune ne mange pas les pierres.
35. La Lune dépolit, mange les vitres.	La lune ne dépolit ni ne mange les vitres.
36. Le Tonnerre et la foudre sont une seule et même chose.	Le tonnerre et la foudre ne sont pas une seule et même chose.
37. Dieu! que le temps est lourd!	Dieu! que le temps est léger!
38. La Plombagine renferme du plomb.	La plombagine ne renferme pas de plomb.
39. Le Mercure est du vif-argent.	Le mercure ne renferme pas de vif-argent.
40. Le Zéro est un chiffre insignificatif.	Le zéro n'est pas un chiffre insignificatif; les significations du zéro sont nombreuses et variées.
41. Deux nombres sont en *raison directe* lorsque l'un, augmentant ou diminuant, l'autre augmente ou diminue.	Deux nombres sont en *raison directe* lorsque l'un augmentant ou diminuant dans un certain rapport, l'autre augmente ou diminue dans le même rapport.
42. Deux nombres sont en *raison inverse* lorsque l'un augmentant ou diminuant, l'autre diminue ou augmente.	Deux nombres sont en raison *inverse* lorsque l'un augmentant ou diminuant dans un certain rapport, l'autre diminue ou augmente dans le même rapport.
43. Le quotient varie en raison directe du dividende et en raison inverse du diviseur.	1° Lorsque deux nombres sont exactement divisibles l'un par l'autre, le *quotient* de leur division varie en raison directe du dividende et en raison inverse du diviseur. 2° Lorsque deux nombres ne sont pas exactement divisibles l'un par l'autre, le *quotient complet* de la division de ces deux nombres varie en raison directe du dividende, et en raison inverse du diviseur.
44. Un nombre *premier* est un nombre qui n'est divisible que par lui-même, ou par l'unité.	Un nombre *premier* est un nombre qui n'est divisible que par lui-même et l'unité.
45. L'are est un carré qui a dix mètres de côté et cent mètres carrés de superficie.	L'are est un décamètre carré ou son équivalent.
46. Le cube est un solide qui a la forme d'un *dé à jouer*.	Le cube est un solide compris sous six carrés égaux. Autrement le cube est un hexaèdre régulier.
47. Le titre d'un alliage est le *poids* de l'or pur ou de l'argent pur contenu dans cet alliage.	Le titre d'un alliage est le *rapport* du poids du métal fin contenu dans le corps au poids de ce corps.
48. Posez la formule du poids de l'or ou de l'argent pur contenu dans un alliage.	$p = P \times t$.
49. Formule du poids d'un corps sans le peser.	$P = V \times D$.
50. La longueur du mètre a été déduite de la mesure de l'arc du méridien compris entre Dunkerque et Formentera.	La longueur du mètre a été déduite de la mesure de l'arc du méridien compris entre Dunkerque et Barcelone.

Une fraction dont on divise les deux termes par un même nombre, ne change pas de valeur : elle ne change que de *forme* et d'expression. Au lieu de cela, dites : Une fraction dont on divise les deux termes par un même nombre, change d'écriture et non de valeur. Puis, par opposition : Une... dont on diminue les deux termes d'un même nombre, change d'écriture et de valeur.

...TA. — Nous engageons les élèves à dresser des tableaux de ce genre.

Typographie ..., rue de Thorin, 9, à Paris.